如何说孩子才肯听，怎样听孩子才肯说

宋建忠◎编著

新疆文化出版社

图书在版编目（CIP）数据

如何说孩子才肯听，怎样听孩子才肯说 / 宋建忠编

著. -- 乌鲁木齐 : 新疆文化出版社, 2025. 2.

ISBN 978-7-5694-4759-0

Ⅰ. G78

中国国家版本馆CIP数据核字第2024FT6558号

如何说孩子才肯听，怎样听孩子才肯说

编 著 / 宋建忠

策 划	王国鸿	封面设计	袁 野
责任编辑	祝安静	责任印制	铁 宇
版式设计	摆渡者文化		

出版发行　新疆文化出版社有限责任公司

地　　址　乌鲁木齐市沙依巴克区克拉玛依西街1100号（邮编：830091）

印　　刷　三河市嵩川印刷有限公司

开　　本　710mm×1000mm　1/16

印　　张　8

字　　数　130千字

版　　次　2025年2月第1版

印　　次　2025年2月第1次印刷

书　　号　ISBN 978-7-5694-4759-0

定　　价　49.80元

　　如果一个孩子饱受批评，他就学会了谴责；如果一个孩子总是被讽刺，他就学会了嘲笑；如果一个孩子生活在被鼓励的环境中，他就学会了赞美与自信；如果一个孩子生活在诚实和正直的人群之中，他就懂得了什么是真理和公正……如果一个孩子被人爱，他就学会了爱别人。环境造就一个人，而对孩子而言，主要是家庭环境决定了他们能成为什么样的人。

　　怎样教育孩子获得成功和幸福，是让父母们为之殚精竭虑的问题。无数事实证明，在家庭教育中，亲子沟通是最基础的，也是最有效的教育方式。而亲子之间保持良好的、亲密的关系是了解孩子，进而教育孩子的前提。从这一点来说，亲子沟通的重要性胜过一切。本书就是一本教家长学习如何改善亲子关系的著作。

　　本书内容丰富，不仅从理论的角度对亲子沟通和亲子关系进行了抽丝剥茧的分析，还通过翔实生动的案例，道出了一些教育理念的精髓。本书从家长、孩子、教育工作者等多个角度全方位展现了先进的教育理念，并附有一些教育专家的亲子箴言，不仅指出了优秀的父母应该具备的理念，而且列举了许多建立良好亲子关系的方法和技巧。

　　本书是新时代父母和孩子沟通的家教指南，选取了古今中外经典家教案例，深入浅出地讲述了大量先进实用的教育理论，对日常生活中经常发生的亲子沟通误区和问题进行了毫分缕析的探讨，把理论和实际相结合，父母可以找到适合自己的教育理论和方法，从而有效地改善亲子关系，更好地教育孩子。

目
录

第一章
友好沟通，让孩子与父母贴得更近

第二章
知交好友，父母也可以做孩子的朋友

第三章

鼓励孩子，给孩子向前的勇气

第四章

巧妙批评，批评也是一门艺术

第五章

问题孩子，来自问题家长

第六章
走进内心，让孩子和你更亲近

第七章
认真聆听，孩子想法你了解多少

第一章
友好沟通，让孩子与父母贴得更近

　　在孩子的成长过程中，很多父母都认为自己应该是指导者，但实际上，父母和孩子之间应该是合作关系，这种合作体现出来就是平等和尊重。孩子"不听话"，很有可能是父母的教育方式不合理。要想让孩子听话，父母需要正视孩子在心理上的成长。

父母要喜欢"不听话"的孩子

几千年以来，"听话"都被当作判断孩子好坏的必要条件，守规矩、顺从的孩子总是能得到父母和老师的交口称赞；顶嘴、叛逆的孩子则会被批评和惩罚。从许多事实来看，顺从的孩子虽然成长过程会比较顺利，但也容易流于平庸；那些显得叛逆、喜欢顶撞师长的孩子虽然被认为是"不听话"，但这种"不听话"往往是走向卓越和成功所需要具备的品质。

鲁迅先生早在几十年前就批评过这种过于强调"顺从"的评价标准："一切事无不驯良，却决不是美德，也许简直倒是没出息。"

我们经常能听到父母这样抱怨：现在的孩子真是不听话，就知道调皮捣蛋，专门和我对着干。而研究表明，不听话的孩子往往更有主见，思维也更活跃，比起那些唯唯诺诺的乖孩子，"坏孩子"更具独立性和创造性。在极其重视创新、创意、创业的知识经济时代，这些特质难能可贵，因此，家长大可不必为自己的孩子不听话而烦恼。

1.家长要摆正心态

父母想要孩子听话的一个重要原因，是认为自己的想法、观念和方式比孩子的更正确。其实不然，世界潮流浩浩荡荡，变幻莫测，当今社会的知识更新之快、社会变化之迅速，更是亘古未有，"老黄历"越来越不"靠谱"了，那么，父母何必非要自己的孩子遵从那些未必正确的经验呢？

一位妈妈向心理医生咨询："我的孩子读小学四年级了，但最近表现有点儿差，喜欢和父母顶嘴，不太听话。"这位妈妈列举了孩子种种不听话的表现。比如，孩子在一篇描写夏天的作文中写道："小知了在树上欢快地歌唱"。这位妈妈认为这句话不合理，她认为写"知了"就可以了，不应该写"小知了"。她让孩子改过来，但孩子坚决不肯改正这个"错误"。

还有一次，老师布置的家庭作业是背诵一篇课文，这位妈妈让孩子大声朗读，因为这样能帮助记忆，但孩子偏要小声读。她认为孩子这不是明摆着和自己对着干吗？她希望心理医生能帮忙和孩子沟通一下，弄清孩子到底是"出什么问题"了。

这位心理医生和孩子交流了一下，感觉孩子表现得很正常，并不像这位妈妈描述的那样"叛逆"，于是他又去学校向老师了解情况。孩子的老师对孩子的评价却与妈妈的描述截然相反。老师认为孩子的胆子比以前大了很多，最近还独立负责元旦晚会的准备工作，是一名非常称职的班干部。

老师还表扬孩子这段时间很爱动脑筋，上课时也有令人眼前一亮的表现，下课后还能和老师沟通，表达自己的见解和看法……

当心理医生把老师对孩子的评价告诉这位妈妈后，她简直不敢相信自己的耳朵——这是她的孩子吗？

父母不应为了自己省事、省心，就一味要求孩子听话。特别是在这个需要个性和创新的时代，父母更应该摒弃陈旧的思想观念，以开放的胸怀，培养孩子敢于提问、勇于质疑的品格。只有这样，才能培育出孩子的创新意识和敢为天下先的气魄。

培养孩子的独立意识远比让孩子单纯地听话更重要，因此，对于孩子的不听话，父母首先一定要摆正心态，抛弃偏见思想和焦躁情绪。理性、冷静地分析孩子不听话的原因，认真倾听孩子自己的想法，用恰当的方式因势利导。

2.不听话的孩子也优秀

无数事实证明，不听话绝不是"没出息"的代名词，小时候顽劣的孩子，长大后往往更有出息。三国时期的政治家、军事家、文学家曹操小的时候异常顽皮，屡教不改；牛顿小时候经常因为不听话而被老师批评，甚至被学校开除……古今中外，这样的例子不胜枚举。

孩子"不听话"是因为他们意识到父母的话不一定都是对的，知道凡事无绝对，有很多选择，这说明他们已经形成了一定的思考能力和洞察力。这种孩子长大了也不会人云亦云，因此往往能成为意见领袖。不听话的孩子意识到自己是不同于父母的独立个体，他们不喜欢被剥夺权利，喜欢自己的事情自己做主，因而能不断增强行动力和独立解决问题的能力。

对孩子来说，师长的权威性不容挑战，而敢于在师长面前表达自我的孩子往往更有勇气、更抗压、更能质疑权威。有些父母抱怨孩子"歪理一套一套的"，其实孩子想通过这些"歪理"努力表达自己的思想和看法。不听话的孩子往往喜欢动脑子，他们的想法与众不同，往往能语出惊人。

亲子箴言

我们虽然鼓励父母包容孩子的"不听话"，但在面对原则性问题时，例如在基本的行为准则上，父母还是要让孩子听话。另外，对孩子过于不听话的行为，父母可以鼓励孩子去实践，让孩子通过面对挫折而予以纠正。

教孩子竞争，更要教他们合作

合作指两个或两个以上的个体为了实现目标或利益，自愿地团结在一起，通过相互之间言语上和行为上的配合、协调，共同努力实现共同目标或利益，最终个人利益也得到满足的一种社交活动。

现代社会的分工日益精细，要想获得成功，相互合作显得尤为重要。然而，现在的孩子，经常被人诟病的一点就是缺乏合作意识和团队精神。孩子迟早要走向社会，要想获得成功，仅仅学习好是远远不够的。而学会与人相处，拥有合作意识则是成功不可缺少的因素。因此，父母必须要让孩子不仅认识到竞争的重要性，更要拥有良好的合作意识。

1.舍得付出、懂得合作

现代社会正处于知识经济时代，团队精神在竞争中越来越重要，很多工作需要团队合作才能完成。只有能与人合作的人，才能获得生存空间；只有善于合作的人，才能赢得发展。一个懂得合作的孩子，长大后会很快适应工作岗位的团体合作并发挥积极作用，而不懂合作的孩子，在工作和生活中会遇到许多麻烦，产生更多困难，并且无所适从。

舍得付出、懂得合作的人必定能得到回报，付出越多，获得的就越多。有一句很有哲理的话：如果你能够帮助别人梦想成真，你就能心想事成。更进一步的说法是：你在帮助别人获得幸福的时候，自己也获得了幸福。

2.培养孩子合作意识的重要性

欧洲著名心理分析家A·阿德勒认为：假使一个儿童未曾学会合作之道，他必定会走向孤僻之途，并产生牢固的自卑情绪，严重影响他一生的发展。由此可见，孩子学会交往与合作对其一生的发展都关系重大。激发孩子拥有合作意识，是形成健康向上性格的必备条件，也为孩子未来的成功打下坚实基础。

然而，现在的孩子大多是独生子女，受到两代甚至三代人的呵护与溺爱，因此很多孩子做事时往往以自我为中心，缺乏团结合作精神。这是现在孩子心理方面的共同弱点，而父母通过加强孩子的人际交往，增加孩子与他人的必要合作，就能够改变和矫正这种不良品质。

"冰冻三尺，非一日之寒"，培养孩子具有合作精神也不是一日之功，需要父母精心教育孩子，用适当的情景感染孩子。父母首先必须充分认识到培养孩子的合作精神的重要性，在日常生活中增强这种意识，随时对孩子进行合作教育，孩子的合作意识、合作精神就一定能够被激发出来。

3.如何激发孩子的合作意识

民主宽松的家庭氛围是激发孩子合作精神的前提条件。一般情况下，如果父母能以民主、平等的态度去理解、尊重孩子，语气委婉地与孩子交谈，孩子就比较容易形成开放的思维。在这样的民主开放的家庭氛围中，孩子也愿意合作、乐于合作。

喜欢模仿是孩子的天性，而父母是孩子学习模仿的重要对象。在日常生活中，父母的言行举止潜移默化地影响着孩子的性格，他们往往会"依葫芦画瓢"，模仿父母的做法和他人交往、合作。因此父母要为孩子树立良好的榜样，家庭成员之间能够分工合作良好，互相配合默契，会对孩子产生直接的影响，在无形中为孩子提供了积极的合作教育。

父母还应该多为孩子提供合作的实践机会，鼓励他们与同伴学习和玩耍，让孩子在其中学会合作。父母应当尽可能地让孩子与外界接触，多为孩子创造结交伙伴的机会。父母还可邀请孩子的朋友到家里来玩，鼓励孩子多与不同性格的人交往合作。

但是，由于孩子年龄小，交往合作经验匮乏，他们往往不知道该怎么合作。父母这时就需要指导、教会孩子正确的合作技能。设置一些具体的合作场景，让孩子通过这些合作场景逐渐懂得合作的方法、策略和经验。让孩子感受到合作的快乐，不仅敢于合作，更乐在其中。

亲子箴言

孩子总是一个人"独处"，当然不会感受到合作的力量和神奇之处。父母应把自家不合群的孩子带到集体中去，使之形成乐观、大方、宽容、团结等优秀品质。当孩子的伙伴来家里玩时，父母一定要热情接待，并给予尊重和礼遇，以形成一种易于合作的氛围。

让孩子对拖沓磨蹭说"不！"

很多父母都有这样的感受：孩子拖沓的现象越来越严重了。孩子越来越拖沓，做父母的也越来越着急、越来越焦虑，他们希望孩子的动作快一点、做事认真点、学习的效率能更高一点。这不仅仅是父母的主观感受，拖沓的确是现在孩子较普遍的现象，而且，年级越高的孩子，拖沓行为就越严重。

造成孩子拖沓的原因有很多，学习过于繁重、生活过于受控制，都是导致孩子拖沓的重要因素。孩子对不喜欢的事情就会拖沓，这是一种逃避行为。比如孩子对学习有抵触情绪，不愿主动去学习，就会拖到无法再拖的情况下，才会勉强去完成。

1.拖沓有其心理动机

事实上，我们所有人的潜意识里都有拖沓的倾向，喜欢把自己不愿意做的事情往后推。孩子的自制力较差，就更是如此。但孩子为什么越来越拖沓？很多家长根据孩子的拖沓现象便武断地认为孩子的行为习惯不好，然而这只是表面原因，很少有家长深思孩子拖沓背后的心理动机。

在20世纪20年代，一个心理学家就注意到一个现象：在咖啡馆里，当顾客招呼结账的时候，服务员可以很容易记住顾客点过哪些东西。然而，一旦顾客结完账，过几分钟再询问服务员自己点过哪些东西，服务员就得很费力地去回忆。似乎结账行为一结束，服务员就自己"擦除"了有关顾客所点东西的记忆。

后来，这位年轻的心理学家在自己的心理实验室里研究这个现象，所有的实验结果与在咖啡馆里观察到的现象类似。没有完成的工作任务会一直留在记忆里，更容易被人们回忆起来。于是，他得出一个研究成果：当人们开始做一项活动时，一种精神上的焦虑就产生了，直至活动的完成。

这项研究可以从一方面解释孩子拖沓的原因。现在的孩子始终处于未完成任务的焦虑中：这个培训班上完了，还有下一个培训班在等着；语文作业做完了，还有数学、英语作业；学校作业做完了，还有培训班的作业；培训班的作业做完了，还有家长布置的作业……

这就是现在的孩子面临的普遍现状：学业永远都不可能完成。孩子在精神上始终处在焦虑中，他们已经没有动力去完成眼前的任务。因此，很自然地，拖沓行为就成了孩子应对压力的一种方式。这更多的是孩子的本能拒绝反应，但他们自己可能并没有意识到这一点。

2.如何让孩子不拖沓

孩子做事磨蹭拖沓，很多父母喜欢用批评、催促的方式，结果是越这样，孩子越拖沓，父母就更着急、生气。表扬和鼓励比批评和催促更能激发孩子的积极性，孩子受到的赞许越多，对自己的期望也就越高。家长应该用表扬的方式让孩子改正拖沓的习惯。

在很大程度上，孩子做事磨蹭还因为他们缺乏时间观念。一个时间观念不强的孩子，不知道时间对他来讲意味着什么，所以做任何事都慢。因此，父母培养孩子的时间意识至关重要，在生活中要注意培养孩子的时间观念。

拖沓习惯有些是由于孩子本身的性格导致的，但同时也受家庭环境的影响。如果家庭成员的性子懒散、做事拖沓、生活随意，也会影响到孩子的性格。所以，在纠正孩子拖沓的不良习惯时，家庭成员要一改以往做事磨蹭的习惯，养成雷厉风行、干净利索的做事风格，让日常生活步入快节奏中。

孩子的大脑发育不完全，注意力集中的时间短暂。如果持续学习的时间太长，孩子的大脑就会疲劳，学习效率就会变低。如果作业量又大，孩子会感到做作业是漫长而痛苦的事，最后选择的逃避方式就是拖沓。人的天性就是都愿意快点做自己喜欢或感觉有趣的事，而对于枯燥、乏味的事，则能拖则拖。因此，家长应想方设法让学习变得有趣起来。

亲子箴言

有一种拖拉的孩子是因为胆小腼腆，缺乏自信。他们总是担心自己会做不好，或者害怕别人关注自己，因此迟迟不肯行动。他们总是拖到最后时刻，才鼓起勇气把事情完成。对这种孩子，家长就要多鼓励，将他培养成自信、果敢的少年。

亲子沟通，让孩子更听话

幼儿心理学家们研究证明，孩子的拒绝来源于自我意识。孩子成长过程中自我意识越来越强烈，对父母的要求和安排会表现出自主选择性，喜欢说"不""我就要"等，这时无论父母多严厉，只要他不喜欢，就会反抗到底。

父母应首先认识到，孩子的拒绝、反抗行为是正常的，不是什么"变坏"的预兆。家长能够意识到孩子的反抗并非反叛，而是表达自我想法的一种方式，以尊重的态度来看待孩子的"不听话"的想法和行为，就更容易接受孩子的想法。

和孩子签订一份"成长协议"

教育孩子是一个系统的工程，父母是孩子的第一任启蒙老师，是影响孩子成长十分重要的一个角色，良好的家庭教育能让孩子的身心得到健康发展。和孩子签"成长协议"，通过孩子与父母的友好合作，相互监督、影响，让父母和孩子都能养成良好的行为习惯，营造和谐的家庭教育环境。孩子会把良好的行为习惯带到学校来，也有利于学校教育的开展。

吃完晚饭，润润的爸爸刚点上一支烟，就被女儿请到了卧室。爸爸开始还觉得有点儿莫名奇妙，但一看到墙上挂的一个相框，就立即明白了。不仅主动把烟掐灭，还一个劲儿地向女儿道歉。润润的爸爸是个老烟民了，什么相框能让他这样？原来相框里挂的不是相片，而是润润与爸爸签订的一份"成长协议"。

润润和爸爸根据互相找到的不足，签订了一份"共同成长协议"，互相承诺改正不良习惯。润润向爸爸承诺"每天看电视时间不超过一个小时""以后吃饭不挑食"等，爸爸也向润润承诺"在家坚决不抽烟""以后喝酒有节制""每天抽时间和孩子说话"等内容。

润润把这份协议当成了"宝贝"，除了让自己监督自己外，更把它当成监督父母的"尚方宝剑"。润润把"成长协议"复印了3份，让爸爸把它放进相框里，然后在自己的卧室、父母的卧室和厕所里各挂一份。一旦发现爸爸有违反协议的行为就拉他去看。据润润说，她爸爸也把协议书复印了一份，放在钱包里，随时拿出来"教训"她。这样，润润爸爸就几乎不在家里抽烟了，而润润很多的坏习惯也很快得到了改正。

近来，很多学校都组织孩子和家长签订了这样的一份"成长协议"，针对协议的履行情况，学校还在一段时间后向学生进行问卷调查。根据问卷调查结果显示，70%以上的父母都认真履行了他们的承诺，80%以上的孩子都认为自己认真履行了承诺。

亲子箴言

父母不能把一些教育技巧当成是万能的教育方法来滥用。在适当使用技巧的同时，父母还要注意培养孩子的责任感和内在兴趣，让孩子从工作和学习过程中获得真正的愉悦感和满足感，这才是教育所追求的真正效果。

第二章

知交好友，父母也可以做孩子的朋友

　　每个为人父母者都应该做自己孩子的好哥们、好闺蜜，但这种关系需要父母投入大量的时间和精力苦心经营。胸怀耐心和爱心，才有可能成为孩子的知心好友。多一分了解，就少一分误解，父母一定要多和孩子沟通交流，对孩子的所思所做有一个全面的了解。

有空和孩子聊天吗？

　　带着上面这个问题去问家长们，绝大部分人的回答一致得令人担忧——"很少聊天"。一所中学对全校学生及其家长进行调查，结果发现：七成的学生不喜欢和家长聊天，不会对家长吐露半点儿心事，宁愿倾诉给好朋友；有八成的家长觉得自己和孩子存在距离和隔阂，无法了解孩子的所思所想。这到底是什么原因造成的呢？

　　社会高速发展，竞争压力与日俱增，工作节奏不断加快，许多家长被迫将更多的时间和精力投入到工作中，无暇顾及甚至忽视对孩子的教育和指导，处于青春期的孩子更是被"放养"，这是当今社会普遍存在的现象。这真的是亲子之间缺少沟通、形成隔阂的原因吗？

1.抽出时间和孩子沟通

　　教育专家认为，家长与孩子之间出现交流障碍、沟通危机，因太忙而没有时间，只是托词和借口。专家指出，家长与孩子出现沟通危机，如果说因为忙，那是家长自我推脱，最主要的原因是家长不注重孩子的生理变化和心理变化，缺乏和孩子沟通的技巧。

　　在日常生活中，家庭教育学校化的情况很严重，孩子在学校的主要任务是学习，回到家里，家长却仍然注重学习，被说教的孩子自然会很反感。家庭教育不应该与学校教育相重叠，它是一种生活和实践的教育。家长作为孩子的第一任老师，也是最重要的教育角色，在家里教育孩子就应该淡化学校色彩。家庭教育不是"正规教育"，而是一种生活教育、实践教育，父母是孩子的首任老师，但父母与孩子沟通时要淡化学校教育的色彩。而生活中，家庭教育学校化现象很普遍，孩子到学校的任务是学习，可回到家里，父母仍然追着孩子的学习不放，孩子自然会很反感。

笑笑的父母都是生意人，为了给女儿创造更好的生活条件，他们在外面拼命工作，天天早出晚归，平常，笑笑很难见到父母的面。

笑笑虽然花钱不愁，但只要她看见别人一家人在一起其乐融融的情景，就会对父母心生怨恨，认为父母只认识钱，不在乎自己，不爱自己。这样，笑笑与父母的关系一直都很紧张。

笑笑的妈妈注意到了女儿的不满情绪，于是跟爸爸商量一起开个家庭会议，同女儿敞开心扉地聊一下，在了解到女儿渴望父母的陪伴，希望父母能经常与她说说话、看看电视、一起出去玩。父母于是决定，每天无论有多忙，都要抽出一定的时间来陪伴孩子。

妈妈说到做到，她和丈夫约定每天轮流抽出一段时间来陪伴孩子。笑笑在父母的陪伴下，感受到了他们对自己的爱，变得快乐了许多。

孩子们逐渐适应了这种会议，向父母袒露他们的情感要求，比如说他们希望父母应该经常在晚上陪他们一起玩一会儿，家长毫不犹豫地答应了，但同时他们也提出了对孩子的要求：孩子要做到及时上床睡觉、吃饭和洗澡。

这种交谈方式得到了笑笑一家人的赞成，因为他们都可以轻松地畅所欲言，而且大家都乐于去执行会议做出的决定，家庭的情感沟通、教育的成效都很理想。

到目前为止，就节日庆祝、馈赠礼品、请客、旅游和购物等事项，家庭会议都进行了安排，它已经成为全家人情感和生活的纽带。虽然在会议中，父母对孩子的想法也有一些不同的意见，但他们不急于提出批评。笑笑一家人都很赞成这种交谈方式，这使父母与孩子可以轻松地畅所欲言，而且大家都乐于去实施大家所做出的决定，家庭的情感沟通、家庭教育都收到了理想的成效。

在上面这个事例中，这个家庭的沟通方式无疑会让许多家长觉得不可思议，因为他们通常是把沟通作为教育的手段，看重的不是沟通本身。而事实上，沟通技能、方法的学习与掌握，与孩子在未来的社会适应能力的强弱紧密相联。在家庭中，如果一个孩子从小就能够与别的成员沟通顺利，那么当他步入社会时，一样会做到和别人进行良好沟通。

2.怎样抽出时间与孩子沟通

就与孩子沟通的问题，有家长向教育专家询问：和孩子每天沟通多长时间比较合适？这个家长太刻意了，如果沟通也要死板地规定时间，那样就有失初衷了。和孩子沟通不是在学校上课，家庭教育应该随时随地，自然而然地融入日常生活。

无论有多忙，家长每天都应该挤出一点儿时间来和孩子进行沟通。但用哪种方式，能够和谐地与孩子实现有效沟通呢？

（1）定期举行家庭会议。形式不拘泥于内容和形式，只要是与家庭成员有关的事，无论大小，都可以通过这一渠道来沟通解决。关键是全体参与，人人平等地发表意见。而定期举行家庭会议容易成为大家共有的习惯，成为家庭"惯例"。

（2）设置一本"对话本"。有一本专门的对话本对含蓄深沉的家长来说，是最合适不过的有些问题不适合进行面对面地交流，通过这种纸上的对话交换意见和感受，能更方便地沟通。这是一种纸上的对话，旨在交换意见和感受。

对含蓄的父母来说，不宜口头探讨的诸如青春期的生理保健等，用文字说明更方便些。之所以要用专门的本子，是为了平时可以"回顾"，将来可以"回味"。

（3）"黄金时间"。安排父母与孩子独处的黄金时间。家长每天或每星期拨出一段时间——"黄金时间"，让孩子决定在这段"黄金时间"里的一切。对孩子说的意见和看法，父母一定要用心倾听，了解孩子的感受，但不能立刻评判。父母倘若能每天抽出时间陪伴孩子，让孩子自由发挥，他们更容易向家长尽诉心事。

（4）微笑保留一时不能达成共识的问题。对一时不能达成共识的问题，先微笑着将其保留。有些教育学家、心理学家经过认真研究，提出"微笑协商解决冲突"。具体为：分析确定冲突内容；分析判断冲突实质原因；列举出解决这一冲突的各种办法；排除冲突一方都不能接受的解决方法；找出冲突双方都能接受的解决方法；实践并检验调整这种解决方法。

总之，父母要学会与孩子的沟通技巧，而且让其成为我们生活中重要的一部分。

亲子箴言

沟通无时无刻不在进行，是生活的必须，缺少它，生活会是一潭死水。父母与子女的沟通，是情感，也是成长的需要——两代人共同的成长。但仅用一颗爱心还不够，我们还需要培养爱的能力，学习爱的技巧。

爱你，不是因为你的美丽

　　亲子教育专家普遍认为："无条件的爱就是家长无论孩子的情况如何，即不管孩子长相、天资如何，弱点或缺陷是什么，也不管自己的期望有多高，都爱他们。还有最难的一点，就是不管孩子的表现如何，家长都要爱他们。这并不表示家长喜欢孩子的所有行为，而是意味着即便孩子行为不佳，对他们永远给予并表示爱。"

　　父母要让孩子知道：无论如何，自己对他们的爱都不会变。虽然可能会批评他们的某些具体行为，但对孩子整个人的爱却是永不改变的。父母一直是爱他们的，不管他们在某一件事上是做对了还是做错了，是成功还是失败。父母的爱应该是无条件的。

1.无条件的爱创造奇迹

　　父母给予孩子无条件的爱，不是说无论孩子怎样都不管教他，那不是爱而只是放纵，而是说无论孩子表现得如何，父母都要去爱他、去呵护他。可能有些父母还是不明白无条件的爱究竟是什么样的，我们不妨去了解一位母亲的教子之道，它很好地诠释了无条件的爱是怎样的一种爱，这种爱能创造出怎样的奇迹。

　　程斌从小就不是一个听话的孩子，上小学的时候就非常好动，而且经常和小朋友打架，上了初中之后，更是变本加厉，父亲对他已经完全放弃了，对他的事情不管不问，但是，母亲却很心疼自己的孩子，她一直认为孩子的本性善良，所以，当班主任每次打电话说程斌在学校又闯祸时，母亲虽然非常伤心，但是，她仍然对孩子说：妈妈知道你不是坏孩子，你只是不知道如何表现自己。妈妈还时常教育他，告诉孩子一些做人的道理，虽然孩子依然我行我素。

进入高中的程斌迷恋上了上网打游戏，逃课已经是常态，当班主任给母亲打电话说程斌逃课时，母亲总是一家挨着一家去网吧寻找，一直到找到为止。母亲为了防止程斌逃课，亲自送孩子去学校，并且辞去自己原本轻松的工作，转而在学校找了一份打扫卫生的工作。不过，母亲的良苦用心，程斌并不领情，他仍然会趁着母亲不注意时，偷偷跑出去玩。有一次，程斌在网吧和人打架，把对方打伤了，对方的家长找上门来，要求赔偿。母亲听说对方的来意之后，只是看了程斌一眼，然后一个劲儿地向对方家长道歉，这时的程斌，看着对方的气势汹汹，看着母亲的低声下气，第一次感到了内疚，感到了无法言语的难受。事后，面对依然关心自己的妈妈，程斌问道："妈妈，我闯了这么多祸，惹了这么多麻烦，你为什么没有放弃我？"母亲想也没想回答："因为你是我的孩子，妈妈爱你。""如果我到30岁还是这样呢？""妈妈仍然爱你。""40岁、50岁以后呢？""妈妈还是爱你。"曾经那个放浪不羁的儿子，听完母亲的话后失声痛哭，母亲的爱直击他的内心，他看着不过40岁的母亲却头发花白，心中充满了悔恨。

从那之后，程斌好像变了一个人，他把自己刻意留长的头发剪短了，把原本满是铆钉的衣服也换成了校服，他开始坐在课堂认真听讲，他开始帮助周围的人，最终他通过努力考上了国内的一流大学。

这位伟大母亲对孩子的爱就是一种无条件的爱，她明知自己的儿子不优秀，甚至是很差，但始终都不放弃；无论别人怎么说，对儿子总是肯定和夸赞。这位智慧的母亲对儿子不仅仅给予夸赞和鼓励，还给儿子指明努力的方向和目标。正是因为这份无条件的爱，那个被所有人否定

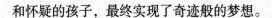

和怀疑的孩子，最终实现了奇迹般的梦想。

2.怎么做才能让孩子知道你是无条件爱他的

父母只有表达出自己的爱，孩子才会明白。孩子很难懂得含蓄的爱，父母必须直接表达出来，否则孩子可能根本就接收不到这种爱。对父母来说，爱需要用行动，但更要用语言来表达。所以，如果你爱孩子，就明确地告诉孩子你爱他，这样孩子才能确定自己被爱的感觉不是虚幻的。

语言是表达爱意的有效方式，但眼神往往更能打动人心。眼睛是心灵的窗户，它准确地反映一个人的内心世界。当我们爱孩子的时候，用眼神表达，能更好地传达爱意。我们对孩子的爱意，孩子不容易接收到，可是孩子仅凭直觉就能敏锐地察觉到家长不爱孩子的信息。因此，父母必须时刻注意自己的眼神，要确保它饱含爱意，而不是愤怒与失望。

孩子，尤其是青春期的孩子，内心极其渴望自己的感受能被人理解，他们首先需要的是倾听，其次才是教育。父母要学会倾听孩子，目的不是分辨孩子的对错，而是给予孩子支持和理解。倾听能表达出父母对孩子的爱，也容易被孩子们感受到，他们会觉得自己并不孤独，爸爸妈妈永远是自己最好的心灵归宿。

亲子箴言

想做到爱孩子并不难，难的是给予孩子无条件的爱。这一点父母要向孩子学习，他们不会因为父母不漂亮，没有金钱、地位而不爱他们；也没有因为父母比别人差而说什么，孩子对父母的爱是无条件的。

像朋友一样对孩子说话

很多父母对孩子说话的语气都是命令式的、自上而下式的，他们认为孩子还小，命令孩子可以让孩子更听话，这么做都是理所当然的。可孩子慢慢长大，开始拥有独立自主意识，逐渐反感父母命令的口气，认为父母这样是不尊重自己，因此内心产生了逆反心理。有的父母并没有找到原因所在，只是感觉自己的威严受到了挑战，于是他们的语气就变得更具有强迫性，双方发生严重对抗，无法进行亲子之间的沟通。

苏联教育家巴班斯基对此曾经说过："父母经常用命令的口气对孩子说话，叫孩子做事，会使孩子产生逆反心理，很难收到预期的教育效果。而一直在命令中做事的孩子，会缺乏主动性，容易形成懦弱的性格，不利于孩子的成长。"对孩子来说，命令的语气既不利于父母和孩子之间建立良好的关系，也不利于完善人格的形成。

父母的言语表达恰当与否与家教是否成功息息相关，尤其是父母说话的语气，对孩子智商、情商、气质、修养等多方面都会产生深远的影响。

1.命令式语气教孩子，适得其反

父母经常用命令的口气与孩子说话，孩子的独立自主意识就会被压抑，长此久往，孩子就会形成怯懦自卑的性格。长大成人后，习惯了父母命令的孩子遇事不能自主，他们还会依赖父母，一生都在父母的荫庇下成长。

孩子是独立的个体，有自己的想法，自尊心强烈。他们希望能与父母平等相处，不愿意被父母命令，更厌恶父母对自己有强迫行为。现在的大多数孩子为什么站到了父母的对立面？这主要是因为父母有问题，习惯用命令的口吻要求孩子做这做那。

　　在父母眼里，布布是一个非常不听话的孩子，因为不管让她做什么，她总是不听从。而布布也不喜欢父母，她认为父母一点儿都不尊重自己，总是用高人一等的命令口气让自己做这做那。正因为这种观念上不可调和的矛盾，父母和她不能进行正常的沟通，他们之间的关系一直都不是很和谐。

　　有一次，布布正在专心练字，妈妈命令她说："布布，过来帮妈妈择菜。"布布不情愿地回答道："我在练字，现在没工夫。"妈妈看见布布没有起身，走到布布面前严厉地对她说："我叫你择菜你听见了没有？你还想不想吃饭？"布布抬头看着妈妈说："我正在练字，等我练完了就过来帮你。"

　　"整天搞这些没用的东西，你练字能当饭吃？"布布的妈妈一边骂骂咧咧，一边扯起女儿的本子，几下就把它撕碎，并将其扔在了地上，然后再次怒吼道："我数三个数，去择菜！"布布平静地看着妈妈野蛮的行为，这种情况已经出现过不止一次了，她也已经不想再和妈妈争执了，她望着妈妈说："对不起，我今天吃不下了。"说完，就起身走进了自己的房间，又把门反锁了。

　　从此以后，布布很久都没有理妈妈，母女之间陷入冷战。布布的妈妈虽然意识到自己的口气和做法都有些过分，但还是拉不下脸主动和布布说话，她不知如何才好。

　　父母都希望孩子能健康地成长，同时也希望自己在孩子心中的形象能永远高大、威严。但当这两者之间产生冲突的时候，父母应该放下自己的架子，多从孩子的角度去思考问题，改变与孩子沟通的方式，与孩子说话不用命令的口气，以平等的态度对待孩子。这样孩子才愿意与家长交流，愿意尊重父母的意愿。父母的威严和形象不是通过命令来彰显的。

2.好朋友式语气是什么样

（1）信任的语气。每个孩子都特别希望得到成人特别是父母的信任，所以对孩子说话时要表现出充分的信任。如果孩子想学打羽毛球，父母对孩子说："我相信你只要努力认真，就一定能学会。"这种信任的语气就能在无形中给孩子自信，还能教育孩子坚持的重要性。假如父母说："你不认真就肯定学不会！"孩子感觉父母不信任他，就会对自己的能力不自信。

（2）商量的语气。孩子的自我意识从两三岁起就开始萌芽，这种意识随着年龄增长会愈发强烈，这说明孩子对自己的力量和能力有了自信。当孩子提出自己的看法和要求时，父母不要粗暴地反对，这会伤害孩子的自尊心。父母可用商量的语气要孩子去做某件事，这种语气会让他明白，父母是平等地看待自己的，是尊重自己的。

（3）赞赏鼓励的语气。每个孩子都有表现欲，发现并赞美孩子的优点会让他表现得更好。父母想要孩子表现得完美、没有过失是不可能的。当孩子犯了错误，父母不能一味地批评指责，而是应该帮助他总结教训，积累经验，鼓励他下次获得成功。这样既教给孩子成功的方法，又帮助孩子再次振作信心。

亲子箴言

父母与孩子交流可以采用各种方式：循循善诱的诱导式、平等尊重的协商式、动之以情的感动式……千万不要因为动怒就采取命令式、侮辱式的语气。请孩子帮忙要用请求的语气，事后要表达感激，父母希望孩子懂得感恩就要以身作则。

做孩子的好哥们、好闺蜜

青春期是个体由童年向成人过渡的时期，属于成长的特殊时期。孩子在此期间的发展非常复杂，而且充满矛盾，因此这个时期又被称为"困难期""危机期"。其主要特点是孩子的身心发展不平衡、错综复杂的成熟和半成熟状态，以及由这些矛盾所带来的心理上和行为上的特殊变化。

"青春期"是人生最危险的阶段，对孩子来说，这个阶段恰恰是中考和高考的准备过程。当今对青春期孩子的教育现状是：孩子无辜、家长无奈、老师无法。面对孩子，很多父母感到很苦恼：现在的孩子物质条件这么好，爱他的人又那么多，可他们就是不领情。

1.有妈妈在，早恋不可怕

心理学家给青春期家长的一个建议是：一定要和孩子处好关系。关系先于教育，亲子关系良好，父母的意愿才容易传达，孩子才乐意接受。搞好亲子关系要注意和孩子的沟通方式：多接纳，多建议，家长的正确性不要通过否定孩子来证明。

李小鱼和妈妈是无话不说的好朋友。但是，情况从她进入初中后似乎发生了变化，她开始偷写日记，日记本上还上着小锁。担心女儿的妈妈真想打开女儿的日记本看一看。但妈妈知道这样做，女儿会对她失去信任，亲子关系也会变差。于是，妈妈主动和女儿谈起自己青春期对异性的好感。

小鱼听完妈妈说的一些趣事后哈哈大笑。但笑过后，小鱼若有所思地说："想不到妈妈你那时也这样。""妈妈，我很喜欢我们班的一个男生，他的成绩很好，而且长得高大、英俊。我一想到他就心跳加速，总是希望他能注意我。"

"这是很正常的啊！你想想，你已经进入青春期了，如果没有这种感觉，那才是不正常的呢！"

"我这算不算是早恋啊？"小鱼忧心忡忡地问妈妈。

"傻孩子，这怎么能叫早恋！这只能算是异性之间的好感而已。当然如果你不控制，也有可能发展成早恋，那就会对你影响很大。你已经长大了，我相信你一定能把握好。你不是希望他也注意你吗？你可以努力让自己各方面都优秀，争取超过他，让他反过来对你刮目相看啊！"

"对呀！"小鱼信心百倍地对妈妈说，"下次考试我一定要超过他！"

早恋有很大的随意性、盲从性、攀比性，孩子早恋其实并不一定是恋爱，而是青春期的正常现象。父母发现孩子"早恋"时，千万不要采取"暴力手段"，要尝试心平气和地与孩子谈心，转移孩子的注意力，让孩子慢慢走出"早恋"的幻境。专家们认为，只要家长引导得当，几乎每个青少年都能摆脱"早恋"的困扰。

2.青春期孩子更多的是心理上的改变

青春期的孩子身体急速成长，身体上的发育成熟让他们认为自己从心理上已经是成人了，产生成人感。孩子由此便认为自己的思想言行属于成人水平，渴望拥有相应的地位，渴望家长给予他们成人式的信任和尊重，被周围的成人平等对待，表现出来就是要求平等，渴望自由。

虽然，成人感让他们产生了强烈的独立意识，他们希望在精神生活方面摆脱控制，有自己的独立自主的决定权，就是不让家长管。但事实上，青春期孩子在面对复杂的问题和心理困惑时，依然希望得到父母在精神上的理解、支持和保护。

由于产生了成人感和独立意识，青春期的孩子还会出现心理闭锁性，即他们往往会把内心世界封闭起来，主要是不向父母袒露。产生心理闭锁性还因为他们认为成人不理解自己，从而对成人不满和不信任。但青春期的许多烦恼又让他们备感孤独，很希望与他人交流、沟通。

3.怎么和青春期孩子做朋友

青春期是孩子身心的高速发展期。生理上的成熟使他们渴望获得成人的某些权力，如隐私权、发言权等。因此，父母的角色应从指导者变为辅助者，要把这种需求看成是正常的心理需要，要理解和尊重孩子，尽量减少对孩子的管制，给孩子一定的自主权和决定权。

父母还要避免对青春期的孩子说教，实际上，许多青春期的孩子很反感父母的说教。因为父母说教时的态度是居高临下的，容易变成教训。不要把温馨的沟通交流变成说教，父母不如做给孩子看，因为身教起到榜样和示范作用，往往比说教更有力。

父母喜欢用权威压人，命令孩子按照自己的意愿行动，但青春期的孩子不再惧于父母的威严，他们更喜欢通过反抗这种强制性的命令来表达自己的需求。这时，采用商量这种尊重孩子的沟通方式就会起到很好的效果，温和的商量方式不仅可以获得较好的教育效果，还能缓和亲子之间的冲突，从而建立起亲子之间的良好关系。

亲子箴言

教育专家李子勋有一句话：亲情永远是孩子成长的动力，这是对亲子关系的最佳阐释。尽管在青春期，亲子间会有矛盾，但只要父母保持心态平和，在亲情的抚慰下，无论多么叛逆的孩子也会听话。

第三章

鼓励孩子，给孩子向前的勇气

　　赏识教育理论认为，好孩子是夸出来的，孩子身处接受和肯定的环境中，才能学会爱和尊重。对孩子来说，父母鼓励他们时简单的动作、深情的眼神都是一辈子难以忘怀的。父母的鼓励不仅能给孩子自信，还能激励他们不断地进步，让他们活出自己的精彩。

你能决定孩子自信还是自卑

现今，不少父母都有一个共同的烦恼，那就是孩子自卑。具体表现有：说话吞吞吐吐、眼神飘忽闪烁、遇到问题就手忙脚乱、不愿意去尝试新事物、厌恶与别人交流。一个自卑的孩子，即使聪颖好学，也很容易出现在困难面前畏缩不前、遭遇挫折后一蹶不振的情况。

在现代社会，自信心、自主性强的人处乱而不慌、处惊而不变，往往比一般人更容易取得成功。自信心是孩子成才与获得成功必不可少的前提条件，我们很难想象一个缺乏自信的人能够真正做成什么事情。

1.怎样才能培养孩子的自信心

自信心可以使孩子不怕困难，积极尝试，奋力进取，获得更多的知识和经验，争取更好的成绩。自信心强的孩子能较准确地评价自己的能力和客观困难，在新的活动任务前不胆怯，能主动参加；讨论时能大胆发表意见，不轻易改变主意，附和他人。

说到这里，也许有很多父母会迫不及待地问：我们该怎样增强孩子的自信心呢？我们先不急着解决这个问题，而是来看下面这个故事：

很多年前，有这样一位母亲，她第一次参加家长会，幼儿园的老师对她说："我怀疑你的儿子有多动症，他在板凳上坐不了三分钟，我建议您最好带他去医院看看。"这位母亲鼻子一酸，差点儿流下泪来。然而回到家，她还是面带微笑地告诉儿子："老师表扬你了，说宝宝以前在板凳上坐不了一分钟，现在能坐三分钟了。别的家长都很羡慕妈妈呢！因为全班只有宝宝进步了。"那天晚上，儿子破天荒地吃了两碗米饭，并且没有让她喂。

第二次家长会上，老师对她说："全班一共有47名同学，这次数学考试，你儿子排46名。他智力上怕是有些障碍，您最好带他到医院查一查。"在回去的路上，她流了眼泪。但是当她看到诚惶诚恐的儿子时，她又强打起笑脸说："老师对你充满信心。他说你并不笨，只要能细心些，就会超过你的同桌。你同桌这次排22名。"说了这句话后，她明显地发现，儿子本来灰暗的眼神一下子充满了光亮，脸上的沮丧也一扫而空。第二天，儿子比平时早起床去上学。

孩子上了初中，又在一次家长会上，她不安地坐在位置上等待班主任点出差生的名字，因为之前的每次家长会，儿子总在差生的行列。但班主任告诉她："照你儿子现在的成绩，想考重点中学有些危险。"她怀着惊喜的心情回到家中，告诉儿子："班主任对你非常满意，他说了，只要你再努力一点儿，就很有希望考上重点中学。"

就这样，儿子到了高中。高考后，儿子把一封清华大学招生办公室的特快专递交到她的手里，这时，再也忍不住心事的儿子对她嚎啕大哭，说："妈妈，我一直都知道我不是一个聪明的孩子，我也知道你每次家长会后说我很好都是在骗我，但是全世界只有你在鼓励我，让我不自卑，去奋斗……"听了孩子的话，她悲喜交加，也抑制不住十几年来凝聚在心中的酸楚，任泪水落在手中的那封信上。

这个故事涵盖了许多母爱的闪光点，如宽容、坚韧、鼓励、信任等。余味悠长，每一次品读都能让为人父母者获益良多。我们也从中知道，鼓励和赞美才是增强孩子自信心最好的办法。

2.鼓励孩子的具体做法

（1）对孩子的每一点进步都要夸奖。父母的评价对孩子自信心的培养至关重要。父母对孩子应该做到信任、认可和尊重，需要经常对他们表示夸奖。这样，孩子就会看到自己的长处，肯定自己的进步，认识到自己的努力是值得的。反之，经常被成人否定、轻视、怀疑，听到的都是"你真笨、你不行、你不会"的话语，孩子会对自己产生怀疑，从而产生自卑感。

因此，父母对孩子说话，要以正面鼓励为主，要善于夸奖孩子的优点。尤其要给予初期成长慢的孩子更多的关怀和鼓励，让孩子懂得每个人的成长之路都是不同的，孩子就不会自卑。

不拿自己的孩子同别的孩子比较，而是拿孩子的过去与现在比较，让孩子知道自己的成长和进步，这样孩子就可以产生自信心。

（2）孩子失败后更需要鼓励。当孩子尝试做一件事却没有成功时，我们不能直接判定他失败。因为做一件事失败了不意味孩子整个人生失败，他只是还没有掌握做事的技巧。这时如果我们对其横加指责，孩子的自信心就会大大降低，即使以后孩子掌握了做事的技巧也可能很难把事做好。父母自己千万不要泄气，更不要因为孩子一时的失败就大怒辱骂。

想要鼓励孩子，最重要的是，孩子失败后不要讽刺他，成功后也不要过分地赞扬。因为孩子失败后本来就很伤心，讽刺只会让他更受伤。而过度夸奖容易让孩子产生骄傲情绪，对孩子的成长也是不利的。

3.创造让孩子自信的机会

（1）在实践中，创造鼓励孩子自信心的机会。自信心是从一点一滴的小事中培养起来的，不是抽象的。因此，父母应该正确认识到孩子的缺点和优点，正确把握，创设良好的机会和条件让孩子去尝试和发现，发展孩子的各种能力，并在孩子取得成绩时，及时表扬，充分肯定他的进步，才能让孩子体验到成功的喜悦，产生积极愉快的情绪体验。

（2）孩子通过体验成功获得自信。培养孩子自信心的条件是让孩子不断地体验成功的喜悦，因为过多失败的体验，往往会使孩子对自己的能力产生怀疑。因此，可以提出适合其水平的任务和要求，确立一个适当的目标，使其通过努力就能完成。

给孩子一些他能轻易完成的小任务，比如一道不难的数学题、背诵古诗等，当他做到了，父母就不要吝啬夸奖。孩子也需要通过成功地学会一件事来获得自信，父母应该引导、协助他做一些需要努力才能做到的事，如骑自行车、打篮球等，孩子成功做到了就奖励他，这样更能树立孩子的自信心。

此外，我们还可以用发扬孩子的长处、弥补短处的方法来培养、提高孩子的自信心、上进心。

亲子箴言

良言入耳三冬暖，恶语伤人六月寒。孩子喜欢听鼓励赞扬的话，并能从中获得自信。家长如果善于鼓励、夸奖孩子，他们说话孩子就会愿意听，孩子也更爱他们。但是如何鼓励、夸奖孩子，父母需要谨慎地选择适合自己孩子的方法。

孩子真的是别人家的好吗

日常生活中，许多父母都有一个错误的教育理念，那就是认为教育孩子需要的是严厉的训斥和惩罚。在孩子的印象中，父母擅长寻找、放大自己的缺点，习惯拿别人家孩子的优点与自己的缺点相比较。在父母的眼里，别人家的孩子就是比自己好，比较之下，失望的父母便开始了自以为是的教育之路——数不尽的批评、惩罚。

1.不要只盯着孩子的缺点

许多父母对孩子表现出的优点熟视无睹，对孩子的缺点却追究到底。比如说，孩子回答问题时，他们对孩子答对的情况不以为意，但如果答错了，他们就开始横加指责、求全责备。他们没有意识到，孩子会在抱怨和批评中丧失自尊、信心，会影响身心的健康发展，严重的甚至会导致一些不良行为。

还有很多父母对孩子的期望过高，他们要求自己的孩子什么方面都要好，都要比别的孩子强。这些父母往往认为孩子的优点是理所当然的，便对之不动声色，生怕孩子会养成骄傲心理。他们可能还认为，自己是在为了孩子将来的成功培养良好的习惯。

拿破仑·希尔曾说过："每个孩子都有许多优点，而家长总是盯着孩子的缺点，他们认为，管好孩子的缺点，才能让孩子更好地成长。其实，这样做就像蹩脚的工匠，是不可能造出完美瓷器的。"

没有失败的孩子，只有失败的教育。每个为人父母者都应善于发现并放大孩子的优点，让孩子在自信中成长。面对那些"坏"孩子，更要努力去寻找他们身上的闪光点，哪怕这些优点微不足道，父母都需要由衷地赞扬、鼓励和引导。

蒙蒙在班上属于"坏孩子"，他懒惰又散漫、冲动，而且斤斤计较，还喜欢撒谎，老师们经常向他的妈妈"告状"。对待这样的孩子该怎么办呢？蒙蒙的妈妈很是发愁。但妈妈知道总是批评他的缺点不是好办法，她一直想找个机会好好表扬蒙蒙一番。

妈妈邀请了蒙蒙的一些同学来家里做客，她准备了一些材料让孩子们学习手工制作。在手工制作活动中，孩子们分小组合作完成任务。当快结束的时候，有个孩子突然大声地说："蒙蒙妈快来看！蒙蒙剪出来的花特别漂亮！"

妈妈捧起蒙蒙的剪纸作品，说："大家都来看看这个纸花，真是活灵活现。蒙蒙真是个心灵手巧的孩子！"

妈妈看着蒙蒙继续说："其实你是一个非常细心、执着、热心的好孩子，而且善于接受别人的建议，并能及时改正。"大家也都频频点头。

"大家说说蒙蒙都有哪些优点呢？"

孩子们争先恐后地说着："有耐心""做事情认真负责""他还特别细心呢"……这时，孩子们都向蒙蒙投去欣赏的目光，而此时的蒙蒙有点儿害羞，他低着头摆弄着彩纸，喃喃自语："我学习不好，还特捣乱，大家不喜欢我……"

妈妈笑着对他说："听到大家的话了吧？每个人都有自己的优点。只要你努力，缺点是可以克服的。妈妈相信你一定能做到！"蒙蒙使劲地点着头，眼中闪耀着喜悦、自信的光辉。在后来的日子里，他的行为习惯开始渐渐改善，学习成绩也有了不小的进步。这让妈妈和老师们感到十分欣慰。

其实，每个看似顽劣的生命都是玉胚原石，只要肯挖掘雕琢，一定会得到令人惊叹不已的宝玉！上述真实的案例时刻提醒着父母要用放大镜去寻找孩子的优点。如果父母都能用欣赏的眼光去发现、放大孩子的优点，就会发现他们有的动手能力强，有的助人为乐，有的善良细心⋯⋯

孩子渴望赏识就像人需要水和氧气一样强烈。所以，父母应该充分发挥赏识的正面教育作用，应该善于发现孩子的优点，让孩子在自信中成长。

放大孩子的优点，能促进孩子认识到自身的优势潜力，不断发展出各种能力，茁壮地成长，并最终获得成功。孩子对自己有了正确的认识，树立了自信心，就不会怀疑自己的能力与价值，感到自卑。

2.寻找孩子优点的方法

很多父母其实也很想鼓励孩子，但总是觉得找不到孩子值得表扬的优点。其实，寻找孩子的优点是需要方法的。按照下面的方法来做，就会发现，发现和放大孩子的优点并不难。

第一，不要用片面的眼光看待孩子。父母不能只盯着学习成绩一个方面。评价孩子的因素有很多，孩子的性格、卫生文明、劳动表现、交际能力、体育才能、兴趣爱好等都是。父母的眼界放宽了，自然不难找到孩子值得表扬的优点。

即使是对学习成绩也应全面地去分析，不能唯分数论。学习的认真程度，预习和复习情况，各门功课情况，态度是否认真，学习习惯等，父母都应该综合地仔细考量。总之，家长不能对孩子"管中窥豹，只见一斑"。

第二，不能用老眼光看待孩子。父母只要细心观察孩子，就会发现，其实孩子每天都有进步。可能是对某个问题的认识提高了，分析问题能力增强了，某方面的知识增加了，也有可能是作业进步或者一次考试进步了。孩子每天都有细小的进步，但是父母不懂得用发展的眼光看待，局限于过去的那些旧印象，自然就难以找到孩子的优点。

第三，孩子的错误中也有优点。事物发展的情况受到许多因素的影响，孩子的问题也都应从尽可能多的角度去分析，避免以偏概全。

比如说孩子这一次作业的错误较多，父母首先应该看看哪些题错了，出现错误的原因是什么。是因为孩子本身马虎不认真，还是根本不懂。如果不懂，是老师没讲清楚，还是没有听清楚。有没有从作业的错误中收获什么。这样从不同角度、不同因素分析，会找到孩子出错的地方，也会找到孩子的闪光点。在分析的过程中，要表扬正确的地方，而不是只批评。表扬与批评如果从实际发出，孩子就会心服口服。

总之，父母需要用放大镜去全面地观察孩子，不妨静下心来，从头到尾，仔细寻找孩子身上至少不会令你烦恼的地方，这样你一定会发现孩子身上的优点和长处。

对待一个孩子，往往是你表扬得越多，他的优点就越多；你训斥得越多，他的毛病就越多。父母的鼓励和赞美是送给孩子的最好礼物，孩子也会因此变得更加地优秀。

亲子箴言

每个人都有八种智能，学习好的孩子只能说明他的学习智能较好，但不同人的优势是不一样的。只要家长用心观察，就一定能够发现孩子的优点。成功的父母将孩子的优点挑出来，而失败的父母，一眼就看到孩子的缺点，而且死抓不放。能够发现孩子的十个优点的，是优秀的父母；能够发现五个的，是合格的家长；而不能发现的，则是失败的父母。

怎么帮孩子考100分

现在的孩子为什么害怕面对考试？因为大多数父母对考试太过看重，赏罚不分明。孩子如果考得好，父母吝于奖赏，对孩子的要求讨价还价，磨磨唧唧。一旦考得不好，父母立即脸色大变，孩子得到的不是罚站，就是责骂。"既想喂料少，又想马儿跑"，这种不公平的待遇不仅给孩子造成了很大的压力，还会让他们产生厌学的心理。

而明智的父母却懂得，对于孩子的学习，更多的是需要用平常心对待，重视孩子的学习态度、努力和过程，而不是简单地看最终成绩。孩子成绩好，他们不吝夸奖、赞赏；成绩差了，就鼓励孩子，并帮助孩子寻找办法。在大考前，这类父母会想方设法地舒缓孩子的紧张情绪，营造轻松的氛围来减轻孩子的压力。这样，孩子也会更有信心和勇气去面对考试。

1.孩子没考好，家长须冷静

孩子的考试成绩是受多种因素影响的。比如说学习方法、态度和努力程度，考试期间的心理、身体状况，学习环境等。因此，父母在孩子的考试成绩低于自己的预期时，一定不能因为大失所望而失去理智，对孩子冷言冷语，甚至打骂。考试没有考好，孩子本身情绪就不好，如果再责骂，那只会雪上加霜。父母应冷静对待，加以鼓励和引导。

儿子今年9岁半，读小学三年级，平时成绩很好，但就是不够细心。有一次期中考试的时候，数学只考了45分，他为此闷闷不乐。而在气急之下，爸爸又把他骂了一顿，儿子自己一个人躲到房间里，把门关上，趴在床上开始哭。气急败坏的爸爸几乎要破门而入。妈妈看到了这种情况，及时地制止了爸爸，觉得他的做法不好，孩子成绩差了，不能横加指责，应该先问清楚，并让爸爸先冷静一下。

妈妈轻轻地打开房门，走进去坐到儿子的床上，孩子把脸埋在被子里继续哭。她先摸着孩子的头，轻声安慰他。等到儿子的情绪稍稍稳定了，她才开始试探着询问。

"我儿子平时成绩那么好，那你这次没考好肯定是有原因的，对不对？说不定是故意的呢！"

"不是这样子的！"孩子激动了，"我是忘了把试卷翻过来做第二面了……我第一页全部是对的！"

"哦，原来是这样子的啊。这么说，你要是再细心一点把第二面也做了，说不定就能拿满分呢！"

"嗯！"孩子破涕为笑，"肯定会！"

"那你下次细心一点，考一个满分给妈妈看，好不好？"

"好。"

"看来爸爸骂你是不对的，来，把眼泪擦干净，出去告诉爸爸自己为什么没有考好，好不好？"

孩子点点头，乖乖地走出去跟爸爸解释。而这时，冷静下来的爸爸也意识到自己操之过急，他也对孩子表达了歉意，父子之间的关系又融洽起来了。

从此以后，儿子经历了许多大大小小的考试，妈妈和爸爸在知道他的考试成绩不理想时，都没有一味责备他，而是积极鼓励、引导他分析原因，鼓励他在以后的学习过程中改正错误，加倍努力。孩子最终也考上了理想的大学。

由此可见，孩子考试没考好，父母首先要做到冷静。父母在孩子成绩不理想时对孩子的理解是孩子继续努力的动力之一。当孩子考试成绩不理想时，父母要照顾孩子的心情与感受，切忌一味责备。孩子在知道自己没考好时，心中一定也感到烦恼。此时，若父母一味责备孩子没有考好，对他平时的学习态度等问题进行责怪，一定会加重孩子的心理压力，使他对学习感到厌烦，不利于他今后学习成才。

2.帮孩子提高学习成绩的三个步骤

没有哪个父母不希望自家的孩子学习好、成绩优秀。但是，不可能每家的孩子都是第一名。那么，孩子成绩不好，有没有什么方法和策略可以帮孩子考好呢？

第一，引导孩子自己分析考试失利的原因。父母要仔细询问孩子没有考好的原因。成绩不好有属于孩子自身方面的原因，但也有可能是家庭、学校方面的原因。比如父母对孩子要求太严，管理方式欠妥，导致孩子产生了逆反心理；或者是家长的管理太放松，孩子缺乏自制力；有的是家庭在这段时间的事务较多，影响到孩子的学习。学校方面的原因有座位的变动、教学方式的变化、老师对学生的态度改变等。

此时，温言细语的引导至关重要，因为它能让孩子吐露心声。激烈的言辞会使气氛变得紧张，孩子不愿意说出具体情况，分析原因就无从谈起。

第二，对孩子进行有针对性的鼓励、教育。比如说，孩子的作文功底差导致语文考不好，造成考试成绩不理想。父母就要有意识地引导孩子练习写作文，可以让他多读些优秀作文，并认真给他讲解写作文的方法和技巧，鼓励孩子多读一些书，让孩子由此提升写作水平，从而提高学习成绩。

第三，对孩子进行合理的目标规划。在完成前两步的基础上，父母要根据孩子自身的情况，对孩子以后的学习制定合理的目标。父母在要求孩子进步时，不能好高骛远地制定不切实际的目标，也不能把目标定得太低，这两种不合适的做法都会打击孩子好学的劲头。

　　父母如果能做到上面所说的，就会对孩子的学习成绩，乃至健康成长，起到积极而有效的影响。

亲子箴言

　　父母不能因为孩子成绩进步了就给各种奖励，把孩子捧得很高；成绩差了就怒火攻心，不是大骂就是痛打。父母要以一颗平常心看待孩子的学习成绩，只要他们能快快乐乐地学习、生活，就是最大的成功。

对别人说：我家的孩子就是棒

近年来，越来越多的80后、90后父母开始接受赏识教育的理论和方法，并将其应用到教育孩子的实践中，取得了良好的效果。赏识教育的理论认为，对孩子要多赞扬、鼓励，少批评、责骂。尤其是在他人面前赞扬孩子，更能使孩子获得成功感和荣誉感，从而鼓舞他们对学习与生活充满信心和勇气。

因此，父母不仅要在私下赏识孩子的表现，更应该扩展赏识的场合，当着别人的面赞赏、尊重自己的孩子，让孩子充分感受到你对他的重视和赏识，这样就可以使孩子产生无穷的力量和信心。

1.在众人面前赞扬自己的孩子

古时候，人们在称呼对方亲属和自己亲属时很有意思——称呼对方亲属一般用的都是敬称，有令、贤等。令，意思是美好，用于称呼对方的亲属，如令尊（对方父亲）、令堂（对方母亲）、令郎（对方儿子）、令爱（对方女儿）。贤，用于称平辈或晚辈，如贤家（对方）、贤郎（对方儿子）。

或许是受到这种传统文化的熏陶，不合格的家长在别人面前，一般都会夸赞对方孩子的优点，而只说自己孩子的种种缺点。而且无论是自己还是对方，都认为这种做法理所当然，无可指责。但如今，这种观念正在受到冲击，80后90后一代的家长逐渐开始接受较为科学的教育理念。

其实，父母在赞扬别人孩子的同时，也应该赞扬自己的孩子。每个孩子都希望得到父母的赞赏，尤其是在别人面前得到家长的夸奖。有时，这比家长私下的表扬更能激发孩子的上进心。

一次，小东的爸爸请单位的几位朋友来家里相聚，酒酣耳热之际，几个人开始谈论起儿女来。自然，他们都是在竭力夸赞别人的孩子，没有一个夸奖自己的孩子。没有人觉得这样有什么不对。

但在这时，小东的爸爸却说道："你们都别互相吹捧了，难道孩子真的就是别人家的好？我还就觉得我们家小东好，我这儿子啊聪明又听话，还懂得关心人。就前几天，我下班累了，他还帮我捶肩捏腿了。小手捶在我身上，虽然力气不大。但就是舒服！"

说了这话后，小东爸爸的几个朋友都羡慕了，大家七嘴八舌地说：

"小东真是个好孩子，真羡慕你！"

"我儿子咋就不知道心疼我呢？"

"你有个好儿子啊！不行，你必须喝三杯！"

"对，对，对，来，满上！"

小东的爸爸听了这些话也红光满面，兴致更高了。

他对朋友们说："其实啊，你们的孩子也都很好，只是你们只挑他们的毛病，不看孩子的优点。"朋友们纷纷点头称是，也开始谈起各自孩子的优点，一时间谈得热火朝天。

而小东在自己的房间里听到了爸爸说的话，心里高兴极了，他一路小跑着给客人们上菜，还礼貌地问他们还需要什么。这样更赢得了众人的赞赏之词，爸爸又趁机鼓励他要好好学习。

小东听了爸爸的话，决心以后更加努力学习，不辜负爸爸对自己的欣赏。

从上面的事例中可以看出，在众人面前，赞扬比批评更能让孩子往好的方向发展。在外人面前，多夸赞自己的孩子，这样的态度会让孩子产生自信。

2.切忌在众人面前揭孩子的短

如果批评和训斥的场合不适合，对被批评者自尊的伤害是难以想象的，效果也只会适得其反。只有蠢人才不分场合、肆无忌惮地呵斥他人。

在私下场合，人们更容易接受批评。但是在有第三者在场时受到批评，就会产生强烈的羞辱感。因此，父母要尽可能避免在别人面前批评自己的孩子，因为这会使他感到自尊心受辱，结果可能会恼羞成怒，留下心灵的暗伤。

但是喜欢在别人面前揭自己孩子短的父母大有人在，他们自己的自尊心比较强，但是往往对孩子的自尊心毫不在意，就算已经意识到孩子受了委屈或伤害，也不以为然，认为小孩子没有面子观念，甚至有时还故意让孩子在众人面前丢脸作为惩戒，认为这样可以激励孩子改正错误。其实，这种做法是非常不明智的，因为这非但不能激励孩子，反而会给孩子的心灵造成不可磨灭的伤害，导致亲子关系紧张，孩子甚至会因此而怨恨家长。

3.在别人面前赞赏孩子时的注意事项

第一，赞扬孩子的心应该是真诚的，不能带有其他的目的，比如为了在别人面前炫耀，故意吹嘘孩子的好。或者是为了某些目的说一些假大空的赞美之词。孩子对大人的赞扬是很敏感的，他们能很轻易地分辨出哪些是真心实意的，哪些是虚构空洞的。

第二，赞扬要适可而止，不能没完没了。在别人面前夸赞自己的孩子要适当，不要喋喋不休地说个不停，这样孩子会认为父母是为了炫耀，反而会让他感到丢了面子。

第三，不要当面一套，背地里一套。在和别人谈到自己的孩子时，无论孩子是否在场，都要对他怀着一颗尊重和赞赏的心去评价他。当面一套、背地里一套的做法一旦让孩子知道了，他会认为父母以前所有夸奖的话都是在骗他，对他的伤害会更深。所以父母要从内心深处赏识自己的孩子。

亲子箴言

每个孩子，无论多小，都有自尊心，都爱面子。父母一定要清楚地认识到这一点。所以，千万不要在别人面前揭孩子的短。多在众人面前表扬孩子，孩子会感到自豪和成功，这比私下的赞扬更能让孩子进步。

第四章
巧妙批评，批评也是一门艺术

批评是一门艺术，有策略，有方法。父母批评孩子，就像是帮一棵小树修剪枝丫，不能没有，但也不能过度。父母不宣扬孩子的过错，他们就会爱惜自己的名誉，会通过好好表现去获得别人对自己的好评。批评孩子是否得当关系到孩子能否健康成长。

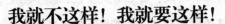

我就不这样！我就要这样！

进入青春期，孩子的叛逆是青少年心理发展过程中一个很重要的特征。孩子在青春期自我意识的发展使得孩子的心理和生理都发生了很大的转变。在这个阶段，孩子可能会出现顶撞家长，与同学、老师出现矛盾冲突，学习上出现问题等现象，这种现象一般被称作"青春期叛逆"。

对于青春期叛逆的孩子，为了让他们能健康地成长，父母就必须妥善解决孩子出现的种种问题，小心地规范和引导。但是，如果父母在这个过程中选择了不恰当的批评方法，就很有可能给孩子的身心带来极大的伤害，从而导致一系列严重后果。

1.家长越批评，孩子越叛逆

大多数中学生都追求个性，不希望父母过多干涉自己的生活。他们所做的一切似乎都是为了使自己更像个大人，因为他们认为大人显得轻松、潇洒、大方，也容易交到朋友。于是许多青少年开始吸烟、酗酒；有的女孩子在青春期过分追求穿戴打扮；中学生谈恋爱已经不是什么新闻，有的小学生都开始有"另一半"了……

"我儿子今年16岁，正在上高一，他初中的时候就谈了一个女朋友。儿子上了一所普通高中，那个女孩也非得上儿子所在的高中。为了拆散这对小'情侣'，我们到处找关系给孩子转学，结果转学以后还是无济于事。"一位无奈的父亲找到教育专家，说他实在是没有办法了。

另一位中学生家长也在一个教育网站上大倒苦水，说她的儿子有过早恋，好不容易被她"棒打鸳鸯散"，但儿子现在又开始模仿大人喝酒、吸烟，还经常逃课去网吧打游戏，自己好说歹说，孩子就是听不进去，还是跟她对着干，说多了孩子就威胁说自己在这个家过不下去了，要离家出走。自己该怎么办？

一名高中女生的家长说，虽然她平时很少给孩子钱，但家里的钱放在哪儿从不背着孩子，可前几天，孩子竟敢偷了600多块钱给自己买了好几套衣服，自己批评她时，孩子却一脸的不以为然，多说了几句就开始哭。自己这个做家长的实在拿孩子没办法。

父母看不惯孩子这些行为，因此每天都在批评管教，可孩子充耳不闻，依然我行我素。有时父母管严了，孩子甚至以一些极端行为相要挟。这些青春期叛逆的孩子着实让父母们头痛不已。

2.批评方法不当的严重后果

父母不能错误地认为，批评就是简单的批评，就是在孩子错了的时候批评，没有什么章法可言。虽然当今社会上的家长，持有这种想法的大有人在，但大家都说的话不一定是对的。尤其是在孩子的青春叛逆期，批评方式不当至少会带来三种严重的后果。

一是会造成严重的亲子隔阂。粗暴地批评孩子，孩子会产生抵触情绪，严重的会导致怨恨、逆反、畏惧等不良心理。结果是孩子对父母日益淡漠，隔阂加深，个别极端的孩子甚至会报复家长。

二是会造成孩子自卑、厌世。经常挨骂的孩子通常是自卑的，也极容易自暴自弃。孩子最亲近的人就是父母，父母使用辱骂的批评方式，孩子会感到人世间是冰冷的，会悲观厌世，甚至有可能会产生轻生的念头。

三是严厉的批评方式会导致孩子不诚实。有些父母认为"棍棒底下出孝子"，一旦发现孩子做错事就打。这往往会迫使孩子违心地说谎，瞒得过就瞒，骗得过就骗，因为骗过一次，就可减少一次皮肉之苦。

每个做家长的都希望自己的孩子有诚实、善良、守信、上进等良好的人格，然而，不当的批评方式，肯定会使孩子走向这些希望的反面。

3.批评孩子的原则

父母批评孩子时，只要坚持注意不背离一些原则，就能让批评真正地帮助孩子改正错误，一般来说，父母在批评孩子时要遵守以下四个原则：

（1）批评孩子之前首先自己要冷静。孩子犯错，特别是犯了大错或者屡教不改时，做父母的难免气愤，情绪波动会比较大，这时就很可能会在冲动之下采取错误的批评方式，如打骂孩子。这会对自己和孩子产生极为不良的影响，甚至有父母气急之下打骂孩子酿成了悲剧。

因此，无论孩子犯了什么错误，父母在批评孩子之前，一定要强迫自己冷静下来，这样才能对孩子的错误有客观公正的评判，帮助孩子找出犯错的原因和改正错误的方法，才有利于解决问题。

（2）批评孩子要给孩子申诉的机会。孩子犯错是有原因的，不能不问原因就开始批评，不要剥夺孩子说话的权利，给孩子一个机会，引导孩子说出原因，这样父母会对孩子犯的错误有一个更清晰、更全面的认识，批评孩子要更有针对性，孩子也能心悦诚服地接受批评。

（3）批评孩子后不忘安慰。孩子在受到批评后，情绪会比较低落，信心也会受到影响。因此，父母在批评了孩子后，应该及时给孩子一些心理安慰。这种安慰既可以是语言上的，也可以用行动表现出来。比如，拍拍他的肩，握握他的手，或给他们一个拥抱，等等，这样，孩子就会感到，虽然他犯了错，但父母还是爱他、信任他的，他会对父母充满感激，自己也会充满自信。

亲子箴言

父母批评孩子还应该注意"天时"，尽量不要在早晨、吃饭时、睡觉前批评孩子。因为在早上批评，孩子会一天没有好心情；在吃饭时批评，会影响孩子的消化吸收，对孩子的身体健康不利；在睡觉前批评，会降低孩子的睡眠质量，不利于孩子身体的正常发育。

批评：表扬=?

现在许多父母都抱怨孩子根本就听不进去批评的话，在面对指责时左耳朵进，右耳朵出，甚至转身置之不理。父母在尴尬、愤怒之余，便觉得无可奈何。那么，究竟怎么说孩子才会听呢？

在日常生活中，父母是与孩子相处时间较长的人，再加上爱之深、责之切的原因，父母在不经意间批评、指责孩子的次数也会很多。家长对孩子生活中、学习上的一些小事看不下去，然后就会批评指责，事实上，这只是对孩子的一种提醒。但孩子就是不接受甚至反感，这到底是为什么呢？

原因很简单，孩子被批评得太多了。这些父母"眼睛里容不下沙子"，总是因为一些鸡毛蒜皮的小事批评、指责孩子。第一次、第二次说孩子应该还听得进去，但次数一多，孩子就会产生抵触情绪，或许自己还会这样想：为什么你总是批评我，我难道真的就不知道吗？我偏不改正，看你能怎么办！

1.批评太多坏处多

父母对孩子批评太多，会让孩子失去自信心，还会加深双方之间的代沟，严重的甚至还会造成孩子的心理畸形。但是父母看到了孩子的错误又不能视而不见，批评和指责的话，孩子又听不进去，自己又能怎么办呢？许多父母不知道该怎么处理这种问题，只能加大批评力度，而这样孩子会更反感，从而陷入了恶性循环。下面这个例子或许能给这样的家长带来一点启示。

形形已经是初中生了，进入青春期的她，身上具备所有的逆反个性，无论大人说什么，她都会摆出一副抵触、反抗的姿态，让人感到无从应对。

老师每次给家长打电话都是因为形形在学校不认真听讲，上课时大声和同学说话，甚至还和同学打架，当老师提醒她时，她总会露出不屑和抵触的眼神。对于形形的问题，妈妈也有所了解。看着肆无忌惮的女儿，妈妈心想：这样下去可不行，我必须得做点什么。

于是，妈妈开始回想自己和形形之间的一些细节，最近和她说了什么话，妈妈发现，最近和形形说的话要么就是批评、提醒她的话，要么就是愤怒的指责。确实，妈妈和形形之间的关系完全就是批评与被批评的关系。对于这种关系，妈妈也觉得很不舒服。

妈妈认为，对形形说话，要么是提醒，要么是批评，如果她形成这种惯性思维的话，就很难和自己亲近了。当意识到这一点后，妈妈决定改变方法，要多多表扬形形，于是，采取批评和表扬"1：5法则"。而"1：5法则"也很简单，也就是每批评1次之前，都要先表扬5次。

和之前相比，形形也开始主动和妈妈说话，而且也愿意听妈妈的话了。虽然有时候，她还是会不耐烦地回答："是，是，是，我明白啦！"不过，至少她是面带微笑说的，这是一个好现象，说明形形对妈妈的态度有所转变，而且母女俩之间的关系也变得亲密起来。

从这个案例中我们可以知道，当父母出现无法和孩子沟通的问题时，应该首先在自己身上找原因，而出现问题的原因往往是自己对孩子批评和否定太多了。这时候采用"1：5法则"，即每批评孩子1次前，先尝试表扬孩子5次，是解决这种问题的好办法。实际上，只要父母观察孩子比较仔细，就能从孩子身上发现优点。而父母增加对孩子表扬的次数，会促进孩子的进步，也会让批评听起来不是那么地刺耳，亲子间的关系也会更亲密。

但是，有些家长可能有疑问，这个批评与表扬的"1:5法则"是否科学呢？

2.批评与表扬的 "1：5法则"

曾经有学者和专家进行了一些颇有意思的实验。

第一个实验的过程，简单地来说可分为两步：首先，研究者们把公司的领导们划分为四种：第一种，只批评员工的领导；第二种，只表扬员工的领导；第三种，对员工既不批评也不表扬的领导；第四种，适度批评并适度表扬的领导。然后，对处于这四种领导方式下的团队，研究人员依次考核了他们各自的工作成果。根据最终的考核结果，这四个团队的排名情况是：最差是第三种领导的团队，次之是第一种领导的团队，然后是第二种领导的团队，而取得成绩最好的却是第四种领导的团队。

无独有偶，另一个研究团队也进行了类似的实验，但他们的实验要深入得多，他们将批评与表扬的次数进行了数据化对比，最终得出了批评与赞扬1：5.6的黄金比例。

根据这些有意义的研究成果，许多教育专家把它结合家庭教育的情况进行了分析，得出了关于批评和表扬的比例法则——"1：5法则"。

3.使用1：5法则的注意事项

父母在运用批评与表扬的"1：5法则"时，要注意以下几点：

（1）虽然对孩子的表扬要多于批评，但这并不是说批评就比表扬差。实际上，批评是规范孩子行为的有效手段。表扬不是万能的，并非所有的表扬都会让孩子得100分。

（2）父母要注意表扬和批评的方法和原则。

（3）对于不同孩子，1∶5的比例要适当调整。

我们说批评与表扬要遵循"1∶5法则"，这并不绝对，批评与表扬的比例也可能是3∶7、4∶6或者是1∶9，等等。实际上，批评也好，表扬也好，都要因人因事而异。有的孩子可以多批评一点儿，有的孩子可以少批评一点儿；有的事能批评，有的事不能批评。父母要根据自己孩子的情况调节好二者之间的比例与侧重。

（4）不能为了批评孩子而故意先表扬孩子5次。表扬要有度，批评也要有度，这样才能达到应有的效果。这两个研究结果说明了这样两个问题：一是仅有表扬或批评是不够的；二是要更多地关注孩子的"强项"，同时消除孩子明显的"弱项"。也就是说，要多一点儿表扬，但不能没有批评。

亲子箴言

如果站在孩子的角度看问题，你就会发现，谈话中过多地被批评、提醒，很容易失去交流的兴趣，甚至会变得不耐烦。不过，批评虽然可以少，但是不能没有。为什么呢？因为批评更能引起孩子的注意，而且在帮助孩子改正严重错误时会更有效果。

妈妈，我虽然小，可也有面子

教育家苏霍姆林斯基说过："在影响学生内心世界时，不应挫伤他们幼小心灵中最敏感的角落——人的自尊心。"

自尊心是一个人品德的基础。从小尊重和培养孩子的自尊心是非常重要的。孩子的自尊心一旦受到伤害，就会留下难以愈合的伤口，甚至会影响他的一生。因此，作为成年人，特别是家长，应重视并保护孩子的自尊心。

其实，那些学习成绩差或是表现不好的孩子，他们的自尊心不比其他孩子的弱，对批评可能会更敏感。虽然这些孩子在受到批评后可能表现出回避、不当回事的样子，但这并不意味着他们不希望得到周围人的认可，这些表现只是表面上的掩饰，他们的自尊心可能会更强。

1.小孩子也有自尊心

孩子的心理承受能力远不及成人，他们通常比成人更敏感、更脆弱、更经不起打击，自尊心受到伤害时的反应更为极端。

一天，小男孩多多和妈妈从街上买东西回来，恰巧碰到了邻居家的小莉母女俩出门，双方停下来说话。

小莉的妈妈对女儿说："这是李阿姨！"小莉大方地叫了一声："李阿姨好！"多多却故意躲到妈妈身后对着小莉做鬼脸。

多多妈："哎！你们家莉莉真懂礼貌，漂亮又听话。"

莉莉妈："我们家莉莉的确比较懂事，您别说，女孩子就是好养，听话！"

多多妈："说得对，男孩子不好养啊，我们家多多，整天只知道调皮，一点儿都不乖，真是被他烦死了！"

多多瞪大了眼睛看着妈妈，然后非常生气地说："妈！我怎么不乖了？你昨天还夸我乖呢！"

多多妈面子上有些过不去，于是更大声地说："你就是不乖，还顶嘴，整天就知道淘气，这么大了还尿床，都把我烦死了！"

多多生气地一扭头，自顾自地跑了。

多多妈还在后面喊："站住！说你几句怎么了？还跑！"然后有些尴尬地对小莉妈说："这孩子，就是不懂事，说他几句？他就不耐烦了！"

多多妈感觉在小莉妈妈面前很丢人，于是回家之后把多多又训了一顿。

从此，小男孩多多像变了一个人，再也不像以前那样天真活泼了。他开始经常发呆走神，再也不爱粘着妈妈了，也不愿意出门，碰到其他人也躲得远远的，多多妈不知道究竟是怎么了。后来听小莉妈说多多可能是感到丢了面子，多多妈对此不以为然，说："小孩子有什么面子！"

恶作剧是孩子天真活泼的表现，恶作剧的心理动机是多样的：可能是出于对新事物的好奇；也可能是故意捣蛋；还可能是感到无聊，自己想找点乐子。

孩子有时候犯错只是在恶作剧，虽然父母发现孩子搞恶作剧时要抓住时机，及时处理，但一定要注意场合。为了维护孩子的面子和自尊心，父母可以到私下场合就批评教育，这样孩子会容易接受些。

2.保护孩子的隐私和秘密

当孩子进入青春期后，父母更要保护他们的自尊。十四五岁的孩子都有自己的隐私和秘密，也总爱在家中自己使用的抽屉上锁上一把锁，或者是给自己的手机设置密码，似乎有什么见不得人的事情。父母担心孩子是不是开始不学好了，其实他们只是形成了自我意识，反感父母偷看他们的微信、日记。

进入青春期的孩子，心理上会出现巨大的变化。首先是独立意识逐渐强烈，开始对父母减少依赖，成人化倾向明显。这时候，孩子就希望别人尊重自己的独立性。随着生活范围日益扩大，接受的知识信息增多，他们的内心开始变得敏感，感情变得细腻，开始有了许多自己的想法。他们开始渐渐关闭原本对父母敞开的心扉，有了自己的隐私。而且，他们逐渐形成的世界观、人生观和价值观已经开始与父母不一致了。在两代人观念冲突下，孩子与父母的心灵沟通明显减少，把一些心里话和秘密写在日记本上或者在微信中向好友诉说。进入青春期的孩子会用各种方式防止他人踏上自己心灵的净土。

有自己的隐私和秘密是孩子独立、自尊意识的体现，是孩子走向社会的前奏，这种变化是可喜的，并且对处于青春发育期孩子的身心健康是至关重要的。然而，有的父母往往因为不放心孩子，千方百计地窥探孩子的隐私，但这种"爱心"侵犯了孩子的隐私权，其实是阻碍了孩子心理的健康成长。

处于"心理断乳期"的青少年，强烈需要私密的成长空间，希望他人肯定自己的成长，把他当作成年人看待。父母如果这时还把他当成小孩子一样的"水晶人"，就会引起他们的不满，从而产生对抗逆反心理。

父母需要尊重并保护青春期孩子的隐私和秘密，引导他们说出心里话，但不能强求。

3.孩子有自尊，批评有艺术

对待正值青春期的孩子，聪明的父母应该懂得如何熟练运用批评这门艺术。

（1）批评要看场合。如果是当着他人的面批评孩子，那会让孩子感到不满和难堪，也听不进父母的批评。如果是在孩子的同学或者好友面前批评他，那孩子尴尬和羞辱的感觉会更强烈。

（2）尊重孩子的隐私和秘密，把孩子当成一个独立的个体来对待。不要批评、否定孩子的兴趣爱好和理想追求。

（3）批评孩子的措辞一定要委婉、恰当，切忌人身攻击以及一些伤人自尊的话语。对青春期孩子的问题，父母不能忽视，但也不能认为这是天大的问题，批评上纲上线，不注重技巧和方法，这都是不正确的。父母要了解孩子的心理特点和性格，通过观察孩子的一些细节来解读孩子，多用心与孩子沟通，体会他们的感受，用他们能够接受的方式来表达你的愿望和要求。

亲子箴言

父母担心孩子的心情没有错，想了解孩子就要和孩子经常沟通交流，当孩子的"哥们"或"闺蜜"。父母越尊重孩子的自尊，就越能与他们走得近，还可以培养孩子的自我判断力。如果孩子能够独立自主地判断是非对错，父母就没有需要担心的了。

幽默，让批评更动听

幽默用于教育胜过令孩子反感的说教，而用于批评则远胜简单粗暴的训斥，它既不伤害孩子的自尊心，又能使其自我反省，从而达到教育的目的。因此，对于家长来说，如果能恰当地运用幽默，家庭教育的效果会大大提高。尤其是对于那些顽皮、自控力差的孩子，润物无声的教育胜过狂风暴雨的批评，而最能达到"润物无声"效果的莫过于运用风趣幽默的语言了。

著名的演讲家海因·雷曼麦曾说过："用幽默的方式说出严肃的真理，比直截了当提出更能为人接受。"著名教育家斯维洛夫也曾说过："教育家最主要也是第一位的助手是幽默。"这些话并不过分。缺乏幽默的教育是悲哀的。父母的幽默语言可以无声无息地启发孩子的思考，推动他们的领悟，在宽松愉悦的气氛中引起孩子的心理共鸣，从而水到渠成地达到教育的目的。

1.用幽默的寓言故事批评孩子

懂得批评艺术的父母，往往用一两句风趣的话就能让孩子在笑声中受到启发和教育，明白事理，懂得是非曲直。富有幽默感的父母颇具智慧的含蓄批评，不仅让孩子感受到语言艺术的魅力，还让孩子在笑声中主动而愉悦地纠正自己的缺点。可见，幽默是一种很好的家庭教育手段。

多多是一个属鼠的男孩，他连续两次在考试中得了第一名，不免有点儿飘飘然。今天对爸爸说小明是笨蛋，明天对爸爸说小刚是弱智，觉得只有自己才是天才。看在眼里、急在心里的爸爸觉得这样下去，多多会养成骄傲自负的性格。于是，爸爸给多多讲了一个故事，希望多多能懂得自己含蓄的批评和劝诫。

爸爸对多多说："有只小老鼠外出游玩，恰好遇见两个孩子在下兽棋，小老鼠就悄悄走近去看，结果发现了一个大秘密：在兽棋中，老鼠可以被猫吃掉，被狼吃掉，被虎吃掉，但可以战胜大象，而大象却可以战胜猫、狼和老虎。于是，它由此认定，只有老鼠才是真正的百兽之王！

这么一想，小老鼠就开始得意起来，从此以后，它既看不起猫，又瞧不起狗，甚至还拿狼寻开心。有一次居然还大摇大摆地爬到老虎的背上，但老虎恰好正在打瞌睡，懒得动，小老鼠以为老虎这是害怕自己，于是更加趾高气扬。

有一天晚上，它趁着夜色的遮蔽，偷偷地钻进了大象的鼻子，想用这个方法打败大象。大象当然觉得鼻子痒痒的，于是就打了个喷嚏，小老鼠立刻像出膛炮弹似的被喷飞了出去。它飞了好半天，才扑通一声掉到臭水坑里！从此它再也不自大了。

多多，'自'和'大'字加一点就是'臭'。今年是鼠年，你这只小老鼠如果自大可能也会掉到臭水坑里哦！要不然，就必须遵守一个前提，那就是不骄傲。"

听了爸爸的故事，多多很快便改正了自己的缺点。

这位睿智的爸爸对孩子自大的缺点并没有直接批评指责，也没有生硬地进行说教，而是用一个充满寓意的故事来批评，让孩子自己去领悟，可以说是含蓄深远，对孩子的教育收到了良好的劝诫效果。

有很多颇为幽默风趣的寓言故事，看似笑话，其中却蕴含了深刻的哲理，而且具有很强的讽喻效果，用之批评孩子既中听又耐听。如果父母能在谈笑风生中巧妙地引用这类故事，就能不动声色地将自己的意思传达给孩子，这样的批评含蓄隽永而且回味不尽，还能起到一石多鸟的效果。

2.幽默的批评的好处

对孩子的缺点和错误，有些父母尽管出于好意，但其尖刻粗暴的数落和训斥却让孩子产生强烈的对立情绪，效果往往适得其反。我们不妨在批评中加入"幽默"这个润滑剂，来避免"良言逆耳"导致的冲突。批评时通过各种幽默语言，在诙谐中指出孩子的错误，既不伤害他们的自尊心，又能达到教育目的。所以说，幽默的批评显示出家长的智慧。

而在另一方面，父母还可以用幽默的语言来培养孩子的良好性格，因为有幽默感的孩子往往心胸豁达，而且思维活跃，富有勇气和信心。在许多发达国家，政府和社会甚至鼓励孩子说幽默的话。家长用诙谐的语言对待生活的态度，也对孩子起到了潜移默化的感染和熏陶作用。

3.幽默要时机、场合恰当

虽然幽默语言在教育孩子方面的确很有成效，但父母需要注意的一点就是注意运用幽默的时机、动机和方式。只有在恰当的时间，父母以友善的动机，通过良好的方式来表达幽默，孩子才能接受。

虽然幽默是批评孩子的有效方式，但值得父母注意的是，这种方法适用于那些性格外向、平时喜欢开玩笑的孩子。而对于那些性格内向、思维保守的孩子，就不能滥用幽默，否则，很可能起到相反的效果。还有，每个孩子都有一些不愿他人触及的缺点或者隐私，如果在这方面上使用幽默，那只会让情况变得更糟糕。

正如学游泳一样，熟练地使用幽默语言需要父母不懈的学习和实践，父母首先要受到幽默的感染，再尝试使用幽默的语言，并把它运用到对孩子的教育中，不断地练习和调试，才能在家庭教育中起到良好的效果。

亲子箴言

父母还可以通过讲故事对孩子进行教育，这也是一种行之有效的方式。一般来说，用故事来说服孩子分以下几种：借故事人物来激励孩子；借故事人物来表达情感；借故事评述来阐明道理；借故事意蕴来启迪心智；借故事情趣来开导孩子。

第五章

问题孩子，来自问题家长

　　成长初期的孩子像是一张洁净的画纸，最终呈现的图画主要由家长绘就，是妙笔丹青还是涂鸦之作，全在于画师的水平。因此如果孩子出现了各种问题，那么这些问题的源头都来自家长。对父母来说，家庭教育首先是自我教育，想让孩子成长，首先要自我成长。

父母"会"吵架也能教孩子

当今社会，竞争越来越激烈，为人父母的压力也越来越大。在工作中，各种烦恼和不顺心的事纷至沓来；回到家里，种种鸡毛蒜皮的小事又让人不胜其烦。双重压力下，夫妻的心情根本无法轻松，情绪也很难掌控。双方发生冲突后，轻则互相埋怨，重则破口对骂，性格极端的甚至撕破脸皮，大打出手。

感情缺乏理性，家事也难分是非，所以说清官难断家务事。夫妻双方在发生冲突时总是想分清对错，于是试图"据理力争"，冲突不断升级，家庭总是"战火不断"。殊不知，这样的氛围对孩子来说，简直像身在地狱。

让孩子健康快乐地成长是为人父母的责任和义务，父母不能仅仅注意孩子是否吃饱穿暖，孩子的心理健康也是家长必须注意的因素。家庭作为孩子重要的成长环境，不管是贫困还是富有，首先氛围必须要和谐，这样孩子的身心才会安定。所以，父母一定要尽自己最大的努力来营造一个温暖的家。

1.家长一吵架，孩子就犯错

最新调查研究表明，孩子出现心理问题的几率与家庭的和睦程度关系紧密。家长经常吵架的家庭为32%，离婚家庭的孩子为30%。比较和睦家庭的孩子为19%。我们从这些数据可以看出，与家长离婚相比，家长吵架对孩子的心理伤害更大。

白姐的儿子今年上初中，在老师们眼里，他是个十分暴躁的孩子，经常欺负辱骂同学，打架更是家常便饭。后来甚至发展到收别的孩子的保护费，老师们多次教育他，他总是不知悔改。

经过一段时间的教育之后，孩子的态度依然没有发生大的转变。无奈之下，白姐向教育专家求助。专家仔细研究分析后，终于发现了孩子变成这样的原因。

原来，白姐在更年期时，与丈夫的关系开始恶劣起来，经常争吵。在争吵的时候，什么脏话都能说出口，有时甚至发展成"全武行"。脾气暴躁的丈夫对孩子也是经常打骂，被白姐劝阻后不仅没收敛，反而连她一块儿打骂。久而久之，孩子就认为暴力是解决问题的唯一手段。于是把这种为人处事的习惯带到了校园中，孩子表现出暴力、偏激的行为也就不足为怪了。

听完专家的分析之后，白姐恍然大悟，原来孩子身上出现的问题其实是自己做家长的问题。于是她在和丈夫沟通之后，两个人达成了一致，不要当着孩子的面吵架，更不能打骂孩子。慢慢地他们发现，夫妻两人的关系不但得到了缓解，孩子的表现也有了很大转变。

家长的关系不和，经常争吵，会给孩子带来不好的感受。尤其是如果家长是因为孩子的事争吵，他更会难受，心理也会扭曲，感觉自己是坏孩子，在他人面前低人一等。这样的孩子，无论做什么事都提不起兴致，成绩也会越来越差，老师会对他进行批评，这样就进入恶性循环，对他今后的性格形成产生不利影响。

父母的言行会直接影响到孩子。在和睦幸福家庭里成长起来的孩子，充满爱心、自尊和自信。而在充满冲突和暴力的家庭，孩子的心理发展会不健全。夫妻双方在吵架的时候，一心想要压住对方，这也许很解气，但在一边的孩子会受到这种"辐射"的直接伤害，给孩子以后的人生烙下抹不去的伤疤。

1.冲突难避免，家长需利用

既然在孩子面前争吵有这么大的坏处，那父母只要尽量避开孩子争吵不就行了？父母表现得若无其事，完全不让孩子察觉到异常是不太可能的事，因为孩子一般都很敏感，他们甚至从家长凝重的脸色、疏离的动作，都能察觉出冷战的气氛。

事实上，冲突是婚姻生活中无法避免的部分，几十年如一日地举案齐眉、相敬如宾的夫妻生活，不可能出现在现代的家长身上。美国一项历时17年的心理调查发现，夫妻闹矛盾时，吵架可能会更有益于身心健康。

调查还发现，那些在冲突后压抑愤怒情绪的夫妻，未来死亡率是发泄愤怒的夫妇的5倍。吵架是夫妻宣泄内心感受的良好方式，也是一种双方内心的披露和交流。但夫妻双方都需要明确吵架的目的，注意表达的方式，把争吵当成一门艺术。

但争吵的确会对孩子产生负面影响，父母是不是对此只能"鱼与熊掌不可兼得"了呢？

其实，父母应该让孩子看到人与人之间不可能总是融洽的，也会出现意见不合的情况。而冷静地处理和有序地解决过程，对孩子来说也是一种正面教育。孩子也就不会对婚姻和家庭产生恐惧感。因此，与其消极地对孩子隐瞒，父母不如自己学习良性的沟通方式，让夫妻间的冲突解决过程成为孩子学习处理争执冲突的正面教材。

2.家长吵架，事后怎么补救

首先，父母不能持续冷战，应该冷静后就当着孩子的面和好，清楚明确地向孩子表明，吵架的事情已经过去了，爸爸妈妈是不对的。要让孩子知道，吵架只是暂时性的。

然后，要鼓励、引导孩子表达自己的感受，这对孩子来说是一种压力的宣泄。再针对孩子的感受去解释道歉。比如孩子说自己害怕，要弄明白他具体怕的是什么，是父母当时的尖声叫骂，还是怕家长不要自己了。然后向孩子解释，说爸爸妈妈只是一时冲动，是自己的不对，肯定不会不要你的，等等。

　　最后，特别要注意的是，孩子可能会模仿。父母一旦发现这种现象，无论孩子是不是有意的，都要注意纠正和引导，不能简单地说一句"大人说的，小孩子不能说！"把孩子堵回去。父母要承认自己的错误，告诉孩子正确的做法。

亲子箴言

　　父母吵架营造了压抑、不安的环境，孩子如果在这种痛苦的氛围中长大，难免会对婚姻产生恐惧，会认为婚姻就是这样。孩子因此有可能不愿意复制父母婚姻的失败和痛苦，始终徘徊在婚姻的门前，惊疑不定。极端地看待婚姻，甚至拒绝婚姻，信奉独身主义。

父母好不好，孩子说了算

　　按理说，父母是孩子最亲近、最信任的人，家庭对孩子来说也应当是最温暖的地方。但事实却是，越来越多的孩子疏远父母，有心里话也不愿说给父母听，甚至不想回家。这种现象的出现，从一方面来说，是由于孩子的身心逐渐趋于成熟，独立和自我意识增强，试图摆脱父母的管束；从另一方面来说，这也可以说是父母的问题——家庭教育不科学和家长作风封建专制。

　　以前的中国家庭教育大多是"严父慈母型"的，但由于社会竞争日益强烈，迫于家庭生活压力，爸爸一般都是奔波操劳工作，很少有时间和孩子交流。妈妈转而成为教育孩子的主要角色。当妈妈困惑于孩子的种种叛逆到底是因为什么的时候，不妨先看看孩子眼中的你是什么样子的。

1.孩子眼中的坏家长

　　妈妈正在成为社会和家庭所有矛盾的焦点，由于不少妈妈对孩子进行了错误的教育方式，许多家庭中母子的关系出现了不和谐的音符——孩子认为自己的妈妈是"坏"妈妈。

　　妈妈们真是出力又不讨好：自己明明是为了孩子好，怎么就这么让孩子烦呢？怎么就成了"坏"妈妈呢？这真是咎由自取，谁让她们把孩子看作自己的私人物品一样控制在掌心，喜怒随心，不肯给孩子一点儿独立的空间呢！

一位初三的"问题"男生说："我妈老是说我这不好那不好，动不动就拿我跟她同事的孩子比。什么'人家某某考一百分，你怎么就考八十分？''人家初一就入团了，你都初三了还屁都不是！''人家这次期末考试又是全班第一！你呢？'后来我直接对她说，'既然我这么差劲，你去给某某当妈吧！看他要不要。'"

一位十岁的男孩在日记中写道："一提起妈妈，我就想到她发怒的脸。她似乎总是心情不好，老是为一些小事发脾气：比如爸爸喝酒了，我考试考砸了……老实说，我很怕她。我也很怕犯错误，只要我做错一点儿事，她除了责怪我，还会没完没了地喋喋不休。如果有可能，我真不想要这样的妈妈。"

在这些孩子的眼里，自己的妈妈不是个好妈妈，因为她们不懂得关心和爱；喜欢乱发脾气；经常批评孩子；不停地唠叨；过于强势、苛责；要自己做到她做不到的事。如果父母因为自己的不如意而迁怒孩子，那就是失败的父母。即使父母赋予了孩子生命，也不能把他们当成出气筒、受气包。

而对于进入青春期的孩子们来说，家长们，尤其是妈妈们，大多是优秀的"特工"和"情报员"。孩子们的日记本、手机短信是他们的"战斗阵地"，为了防止"敌人"的入侵，他们可以说是"出生入死"。这么说可一点儿都没有夸张！不信看看下面的事例。

乐乐说，从小到大，我妈管我都很严，我几乎完全没有隐私可言。初中时，有一次我发现自己上了锁的日记本被撬开了，我妈却在一旁假装淡定，说她只是帮我收拾了一下抽屉，然后不小心掉在地上摔坏了。假期，同学约我出去玩，她总能找到各种千奇百怪的理由把我留在家里，要么就是强行不让我出去。她还常常有意无意地在我面前说某某怎么不学好，而她知道那个人是我最好的朋友。

一位女生说，她的妈妈为了防止她早恋，几乎到了草木皆兵的地步。只要一有人打电话，妈妈立刻要问，"他是谁？男的女的？哪班的？学习好吗？家在哪儿住？家长是干什么的……"查完了祖宗八代后，通常都会说一句，你可千万别给我丢人！这个女孩哭着说，她的妈妈这么当"贼"一样防备自己，真想"早恋"一把让她看看！

都说控制人心最难，如果妈妈们懂得尊重孩子的一切，给他们独立成长的空间，多一点儿理解，少一点儿批评，就能赢得孩子的心，成为好家长。这样做并不是很难，何乐而不为呢？

2.孩子会模仿家长的"坏"

列宁夫人克鲁普斯卡娅说过一句话："家庭教育对家长来说，首先是自我教育。"孩子有强烈的模仿心理，父母的一举一动对孩子来说都是无声的教育，而家庭教育是完善孩子人格的根本教育。如果一个人的人格不健全，他的身体和智力越优秀，就越助长他的恶行，这对社会是有害无益的。

父母要注意，培养孩子的良好品德，自己首先要以身作则，因为自己润物无声的言行，在不知不觉中就会影响孩子。熏染孩子身心常见的家庭恶习如下：

（1）语言粗鄙。父母的说话方式对孩子影响最深。一些家长在家里不讲究用语文明，夫妻间经常出口成脏，言语粗俗，这些"坏"语言毒害着孩子纯洁的心灵。

（2）脾气坏。有些父母性格乖僻或脾气暴躁，喜欢用暴力的方式解决问题。孩子是父母坏脾气、坏性格的受害者，经常被父母吓得胆战心惊。这对长期生活、成长在父母身边的子女毒害甚深。有心理学家认为，与其说孩子从家长那里遗传了坏脾气和坏性格，不如说是父母灌输给他们的。

3.不良嗜好对孩子影响恶劣

父母不能将自己的坏习惯当成是小事，因为坏习惯深远地影响孩子的身心健康。父母如果懒惰、不讲卫生，孩子也会看在眼里，记在心里，然后学到身上。有位教师发现了一个有趣又引人深思的现象：班级里那些个人卫生差的学生，其家庭卫生往往也较差。可以说，孩子的不良习惯主要来自家庭。

"蓬生麻中，不扶自直；白沙在涅，与之俱黑。"一项针对少年吸烟者的调查显示，家长中有吸烟者的"小烟民"比家长都不吸烟的"小烟民"多3～5倍；"酒鬼"的子女一般也比同龄人更早地沾染上酗酒的恶习；赌博的危害则更甚，孩子不仅容易从家长那里学会赌博，而且在彻夜打牌或打麻将的家庭环境里，孩子也不可能有安静的学习环境。生活在烟民、酒鬼、赌徒的身边的孩子，其学习成绩、品德和行为习惯大多不可避免地受到负面影响。

父母有坏习惯并不可怕，孩子在成长的过程中都可能会遇到。他们一开始并不清楚真正意义上的是非对错，这就要靠父母的提醒与告诫。但家长本身是否遵守了道德准则和行为规范呢？自己是不是在不知不觉中给了孩子错误的示范？

我们常常忽略了家庭的精神环境，自觉或不自觉地制造精神病毒、侵蚀、毒害孩子纯洁的心灵，严重影响了孩子的身心健康。

亲子箴言

父母要怎么做才能成为孩子眼中的好父母呢？第一，以身作则做孩子的榜样；第二，采用宽严结合的管教方式；第三，真正地尊重孩子，让他们有自主选择权，不要过分限制孩子。父母要做的不仅仅是把孩子养大，还要和孩子一起成长。

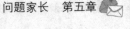

别人家的孩子不能比

"从小我就有个夙敌叫 '别人家的孩子'。这个孩子从来不玩游戏，不喜欢逛街，天天就知道学习。长得好看，又听话又温顺，回回年级第一，还有个有钱又正儿八经的男/女友。研究生和公务员都考上了，一个月上万的工资。会做饭，会家务，会八门外语。上学在外地一个月只要几百元生活费还嫌多……"

这则热帖最近广泛流传于网络和微博，引发了众多网友的共鸣。在新浪微博上，关于"别人家的孩子"的微博就有上万条，并且衍生出各种版本。大多数网友都表示自己小时候被父母拿来和"别人家的孩子"比较过，痛恨这个无处不在的对象。

1.孩子"一无是处"

很多家长都有这个习惯，就是什么事都爱拿别人的孩子跟自己的孩子作比较，比较孩子的个子、做事速度、才艺水平、学习成绩……家长对孩子的期望随着孩子年龄的增长也与日俱增。当孩子的表现与父母的期望产生差距时，许多父母就会出现情绪失控的情况，更严重的是，父母还爱当着孩子的面做比较。

和丰与晓慧是同班同学，两个孩子从小一起长大，小时候学习成绩都比较出色，两位妈妈经常暗地里"攀比"。上高中后，一次期末考试，和丰考了年级第一，晓慧却成绩平平。晓慧妈妈感到心里极不平衡，整天给女儿脸色看，还趁着放假给晓慧报了英语、数学、物理补习班，督促女儿提前学习高三的课程。其间，她不断告诫女儿："晓慧，你必须努力学习，一定要超过和丰！"

从那以后，晓慧苦不堪言，三天两头就要被妈妈劈头盖脸骂一顿。有时候妈妈还不让她吃晚饭，把她关在小卧室里"闭门思过"。然而，晓慧的成绩并没有如妈妈所愿，反倒与和丰的差距越来越大，个性越来越压抑，甚至有了轻生的念头。

王汉告诉心理医生："我经常不知道自己在想什么，也不知道自己想要什么，好像从记事起，我的父母就不断拿我和别人比较，尤其是在每次开完家长会后。他们既然认为别人好，那就让别人做他们的女儿好了。再说我也不是不想学好，我也在努力，可为什么他们看不到我的进步呢？我不想呆在家里，我讨厌我的父母，讨厌任何人，为什么他们都不能理解我……"

优秀的家长通常都不会拿别人的孩子与自己的孩子相比较，他们始终觉得自己的孩子是独一无二的。而且在孩子漫长的学习成长阶段中，他们非常注重鼓励、支持孩子，呵护孩子的天性、守护孩子的兴趣。

2.家长好心也会办坏事

父母必须意识到一个事实，那就是孩子天生就有差别。父母首先要承认差异性，然后帮助孩子取长补短。父母可以用孩子的成功和失败比，拿孩子的今天和昨天比，但就是不能拿自己孩子的短处和别人家孩子的长处比。

父母爱拿"别人家的孩子"来比，其目的是为了给自己的孩子奋斗的方向和努力的目标，但事实上，这样做不仅很难起到激励孩子的作用，反而会伤害孩子的自尊心和上进心，影响孩子对父母的信任度，甚至导致亲子关系的冷漠化。久而久之，孩子不仅没有产生向上的动力，反而陷入低谷，产生了很多消极情绪。

父母看到别人家的孩子表现很好，往往"恨铁不成钢"。殊不知这种情绪的不当宣泄，深深地刺伤了孩子的心灵，长久生活在这样环境下的孩子，他们的性格倾向于自闭、孤僻，攀比、妒忌心态滋生。父母的"激励化"教育没有起到正面影响，只会对孩子的身心成长产生不利的影响。

3.让孩子和自己赛跑

孩子们由于家庭背景、成长经历等原因，他们的发展情况、认知能力、生活经验、学习方式都有很大的不同。父母在把自己的孩子和别人的孩子对比时，不妨换位思考一下，如果孩子拿自己父母的短处和其他父母的长处比较，自己会做何感想？孩子最亲近的人伤害他们最深。

睿智的父母鼓励批评孩子时，从不与其他孩子作比较，而是看重孩子自身的进步。对于孩子来说，他的最初的自我意识是通过家长的评价来获得的。家长能够发现并赞赏自己孩子的独特之处，会让孩子在成长的过程中对家长充满感激，亲子关系会更加亲密、和谐。

父母如果更看重孩子坚持不懈的精神和努力态度，而不是只注重最终结果，那么孩子发现自己的努力受到了肯定，也会更有信心地前进。父母这样的态度更有利于培养孩子的自信心和正确价值观。

如果别人家的孩子的某一方面确实值得自己的孩子学习，那么父母最好先表扬、肯定自己的孩子表现好的方面，然后再客观分析别的孩子值得学习的方面，然后才建议孩子如何学习别人的长处，这样孩子才会容易接受，千万不要直接对比。

亲子箴言

父母是孩子的最重要的人生导师，正确的引导会促进孩子积极向上地成长，但若总是拿自己的孩子和别人的孩子比较，孩子的心理发展就会不健康，只要自己的孩子肯努力，父母就应该认为他就是最棒的。

孩子不愿说，父母有过错

　　身为父母，最大的幸福莫过于看着孩子慢慢地快乐成长。每个父母都希望自己能陪着孩子一起成长，在这个过程中，孩子与自己分享他点滴的快乐，对自己诉说心里话，自己能成为孩子无话不谈的知心好友。但这个幸福需要一个前提条件，那就是父母有时间、有能力陪伴在孩子左右。

　　但遗憾的是，现实中能做到这样的父母很少。对工作忙碌的父母来说，长时间与孩子相处是一种奢侈的幸福。大部分父母在晚上回家后才能与孩子相处短暂的一段时光，但有些父母连这一点都做不到。因此，自然而然地，孩子对父母越来越疏远。再加上有的父母交流方式有问题，想让孩子对自己说心里话就更是痴心妄想了。

　　为什么孩子对父母不说心里话，甚至在家人面前沉默寡言？家长与其在孩子身上找原因，不如在自己的身上发现问题。因为正是父母自身的教育观念、方式的错误才导致了这样的情况的出现。

1.亲子心灵交流调查

　　曾经有一个电视台采访了18名学生及他们的父母，他们当中只有4名愿意与父母说心里话。在不怎么和父母说心里话的14名学生中，大部分人都表示自己至少已经有半年以上没和父母谈心了。大多数不愿意对父母说心里话的学生，他们的心里话会对朋友说。此外，他们还会通过写日记或日志的方式来诉说。

在为数不多的愿意与父母说心里话的学生中，李蓓和妈妈说心里话的次数是一个月内至少10次。李蓓说："我除了和妈妈说自己的事情，还会跟她说班上、学校发生的一些事情。妈妈总是会和我说她自己的看法，并且教我该如何应对一些问题。但她从不会一味地说教。我觉得妈妈就像闺蜜一样，我也愿意把心里话告诉她。"

不少家长都羡慕李蓓妈妈和女儿的相处模式，但是他们不知道，为此，李蓓妈妈是下了一番工夫的。李蓓妈妈说："可能因为我是老师的原因，对于孩子的学习，我并不会给她很大的压力。我认为一切要以孩子自己的兴趣为主，她毕竟还小。我特别注意的是孩子的心理。其实，我和女儿成为无话不谈的好朋友，是因为半年前的一件事。"

那一天，李蓓妈看到女儿不开心，便问她是不是遇到了不顺心的事，追问之下才了解到是坐在女儿后面的两名同学上课总说话，影响了女儿学习。李蓓妈妈决定帮助女儿解决这个问题。

"最初我让李蓓主动和老师沟通，但没有任何改变。于是我就亲自到学校和老师沟通。虽然我的方法不一定妥当，但我希望女儿知道我一直在她身边。"说起和孩子沟通的秘诀，李蓓妈妈表示没有什么特别的，就是要像朋友一样和孩子聊天，尽量不要再给孩子施加压力。

在对18名家长的调查中发现，只有李蓓妈妈特别关注孩子的内心世界，重视孩子的心理成长。其他家长对于孩子的内心世界并没有关注很多，只是简单问问和聊聊。如果孩子不说，也就不了了之。当问及这些家长最常和孩子聊什么话题，他们表示除了嘘寒问暖，就是"好好学习""听话"之类的。

2.孩子对父母关闭心门的原因

父母和孩子之间沟通闭塞，最常见的原因是父母习惯端家长架子。

父母一定要注意孩子的意见，鼓励孩子大胆说出他的想法。如果意见不错，就应该采纳；如果孩子的看法有失偏颇，也要耐心地告诉他原因。无论怎样，都要就事论事，不要"上纲上线"，否定孩子整个人。

孩子不愿意对父母说心里话，还因为父母不理解孩子。孩子受到了委屈，父母应该在感情上支持孩子；在孩子遇到高兴事时，父母更要和他一起分享，不要总是用成人的眼光看待孩子。父母想要理解孩子，就应该在平时多抽些时间陪他，让他感受到父母的关心。父母要和自己的孩子像好朋友一样，能玩到一起。

父母总是把孩子的成绩看得比什么都重要，经常会因为孩子成绩不好而否定孩子整个人。父母看不到孩子身上的其他优点，这会让很多成绩不优秀的孩子失去信心，不愿和父母交流。对这样的父母，孩子也只会说自己的成绩，而不会说心里话。

3.倾听，打开孩子的心门

现在的孩子个性都比较鲜明，都很有自己的想法，父母和他们交流时要注意到这一点。孩子的压力已经很大了，父母不要直接批评指责，不妨先听听孩子自己的想法，和孩子好好沟通。父母的态度对孩子的心理成长相当关键，对待那些不愿意和父母说心里话的孩子，父母首先要学会有耐心，其次才是沟通方法。

父母对孩子说的话，无论是无心之语还是肺腑之言，都要认真倾听。因为对亲子交流来说，父母的倾听是最好的沟通渠道，对孩子也是最好的治疗和调节，倾听从某种程度上能帮孩子减压。对孩子的抱怨，父母也不要忽视，应该根据得到的信息给予孩子有针对性的帮助。

除了倾听，父母还需要对孩子诉说自己的心里话，沟通和交流是相互的。父母如果能把孩子当成平等的交流对象，就应该先对孩子坦诚，这样孩子才能对父母坦诚。

亲子箴言

　　因为种种原因，父母缺少时间和精力关注自己的孩子，久而久之，孩子与自己的心灵距离越来越远，孩子也越来越不愿意和自己说心里话。但只要家长多用心，同孩子平等沟通、真诚交流，就会增强双方心灵上的维系，即使孩子一时不愿意交流，父母也要相信"精诚所致，金石为开"，主动寻找沟通机会。

第六章

走进内心，让孩子和你更亲近

　　教育专家有一句话：关系大于教育，说的就是亲子关系的重要性。建立并维护亲子之间良好的关系，是了解、教育孩子的前提。亲子关系发展良好，教育效果自然会水到渠成。沟通是当今父母很少关注的一种基本教育方式，从某种层面上来说，良好的亲子沟通胜过任何教育方式。

你好，很高兴能做你的妈妈

德国教育家福禄培尔曾经说过："尊重并重视孩子，这会使他们在自我感觉良好的同时，增加自信、树立自尊，这是做任何事情的基础，是任何人获取成功所不可缺少的。"

不正确的教育观念认为，孩子只是父母的所有物，父母拥有支配的权利，孩子本身不能索取自己的权利。事实上，这是荒谬的，孩子从一出生就是一个单独的个体，就享有各种权利，比如，受教育的权利，隐私权，被尊重的权利等。

孩子只有被人尊重，才会懂得自尊和尊重他人，而这两点是健康人格形成的首要条件。孩子比较稚嫩，各种观念都还没有形成。自尊意识处于萌芽状态，也特别容易受到摧残。当自尊受到伤害的时候，孩子一般都会做出本能反抗，这就是父母眼中的"不听话""逆反"现象。

因此，父母应当尊重孩子，不能侵犯他们的合法权利。这对孩子一生的发展起到至关重要的作用。

1.尊重孩子，先尊重他的选择

几乎每个家长都希望孩子能够健康成长，将来有所作为，都不希望孩子一事无成、懦弱无能。但是孩子将来会成为怎样的人，这在很大程度上是由父母的教育方式决定的。父母要想孩子成才，采取的教育方式就要有益于孩子的身心健康。而尊重孩子的选择，让他感觉到自己是被重视的，这一点是良好教育的基础与前提。

胡女士的儿子对她说，学校暑期组织了一个海洋夏令营活动，班主任说要给他参加的机会。听到班主任如此关照自己的儿子，胡女士很感动。虽然儿子看起来好像兴趣不大，但她还是决定让儿子参加，于是事情就这么定了下来。不久，夏令营有关手续就开始办理了，胡女士得知，活动有6天，但需要交费1600元。虽然觉得价格比较昂贵，但是胡女士又不好意思讨价还价，只能乖乖地掏钱。

翌日，儿子进行夏令营的开营培训，结束之后回家宣布："这个夏令营是骗人的！原本6天的活动改成了5天，跟海洋又没有多少关系，我不想去了！"

"钱都交了，怎么能不去呢？"胡妈妈虽然也很不满，但还是这么说。

"找人退钱呗，这有什么好担心的？"儿子的态度异常坚决。

胡女士有些发愁，说不去就不去是不是不太好？至于少那么一两天，又有什么打紧的？只要有收获就行。这种惯性的忍让思维在胡女士的脑海中盘旋不去。但是她又想起自己在家庭教育讲座上听到的一句话："要做孩子的法官，先当孩子的律师。"

胡女士突然意识到，儿子的这种想法才是正确的，一味地忍让是不可取的，人们应该有意识地维护自己的合法权利。自己为什么不趁机给孩子一次机会呢？胡女士调整了心态后，决定让儿子通过这件事得到锻炼。于是她平静地说："选择不去夏令营是你的权利，我也尊重你的选择。但是如果你决定不去，就需要自己负责向老师解释清楚，而且退营的相关手续也得自己办好，你接受这样吗？"

几乎所有人都知道，买了东西想要退货是很麻烦的一件事情，但是儿子毫不犹豫地答应了这个条件。第二天，胡女士正在家担心孩子会不会遇到什么麻烦的时候，儿子却办妥了所有的退营手续，带着如数返还的1600元钱回到家中。

例子中的这位妈妈很高兴，不是为这原本会被浪费的1600元钱，而是欣慰孩子通过这件事成长了起来，做到了大人也很难办到的事。尊重孩子的权利，就是自己的决定需征得孩子的同意，也让孩子有了选择的机会。孩子无论做出了什么样的选择，都要在尊重孩子选择的基础上善加引导，这是为人父母应尽的责任。

2.遵守原则，尊重孩子

尊重孩子不仅要尊重孩子的选择，还包括很多方面。比如，要做到及时兑现自己的诺言，父母对孩子不用命令的口气说话，多与孩子平等交流、沟通；有事情注意征求孩子的意见，不独断专行；有关孩子的物品，得到孩子的允许才处理；孩子的隐私与秘密，不采用偷听、跟踪、打探的方式获取等。父母想要尊重孩子就必须注意遵守几个原则。

（1）让孩子自己的事自己做主。

（2）平等对待每一个孩子。父母要公平地对待自己的每一个孩子，无论其性别、年龄、能力、性格。不管他有多么地叛逆，或者学习成绩有多差，都要用一颗爱心去尊重、宽容、接纳他。不要歧视自己的孩子，否则会给孩子的心灵带来伤害。

（3）尊重孩子的隐私。父母不能总是试图控制孩子的一切，真正的爱和呵护，是尊重他们，放手让他们做自己喜欢的事。父母想进入孩子的房间时应该先敲门，挪动或使用孩子的物品应该先得到他们的准许，在做任何有关孩子的决定时，应该首先和他们商量。

（4）尊重孩子人格的独立。孩子不是父母的私有财产或者附属品，无论年龄有多大，他们都是一个独立的人。父母应该尊重他们自己的想法、兴趣爱好和目标理想，用欣赏的眼神、鼓励的话语肯定孩子的一切独立思想。

3.体现尊重的具体方式

（1）对孩子许下的诺言，要尽量做到。即使因种种情况不能兑现，也要对孩子道歉并解释，不能把诺言和约定不当一回事。父母对诺言的重视不仅能让孩子体会诚信的重要，也是对孩子本身的重视。

（2）在发表对某一事物的看法时，父母要尊重孩子自己的看法和意见，不能把自己的意见强加给孩子。即使孩子的见解是荒谬的，家长也要先鼓励他，再引导和规范。

（3）让孩子参加家庭决定，一起商量解决问题。认真听取孩子不同的、反对的意见，体现父母对孩子的尊重。孩子是家庭中的一员，在地位上与家长是平等的，父母不能忽视这一点。

（4）不随意翻动孩子的东西，不强掏孩子的衣兜，不强迫孩子公开自己的秘密。未得到孩子的允许，不做让孩子感到反感的事情。

（5）尊重孩子的意愿，比如他对朋友和活动的选择。父母可以向孩子提供建议，但不能强迫孩子接受自己的意见，让孩子意识到自己是一个独立的个体。

亲子箴言

父母的种种尊重、重视孩子的行为，会使孩子的心情舒畅，会让孩子感受到父母对自己深厚的爱意，由此增进亲子之间的感情联系。这也会帮助孩子增强自信，勇敢地面对出现的任何情况，有利于培养孩子自尊、自主、自强的独立精神。

关注心声，让孩子德才兼备

许多父母对孩子的教育模式，普遍是"重智轻德"——只注重学习成绩，不教孩子如何做人。重视才智的培养方式本身并没有错，但是只重才智、忽视品德塑造的教育是畸形的。

自古以来，中华民族就有许多优秀的传统美德，非常重视孩子的品德教育。古代的蒙学经典《三字经》《千字文》《弟子规》和《幼学琼林》等，十分注重对未成年人的道德修养的培养，教育他们做善良、正直的人，成为品学兼优、有利于社会的人。

教育孩子，首先就必须培养孩子拥有优良的品德。为了让孩子拥有良好的道德观念，具备判断是非善恶的能力，防止孩子在成长过程中染上不良的恶习，父母在教育孩子的时候应该摒弃重才轻德的理念，关注孩子的心声，多与孩子交流。同时，父母要为孩子树立好的道德榜样，这样的家庭教育才算是成功的。

1.关注孩子的情感心声

一位长期负责国际交换生项目的负责人发现大多数家长最重视的是孩子听不听话，学习认真、刻苦与否，遵守纪律情况等。

在一堂五年级手工课上，老师在教学生缝制椅垫。正赶上国际劳动妇女节来临，于是老师鼓励同学们回家给妈妈缝一个椅垫。

老师说："妈妈平时那么关心你们，你们也应该关心自己的妈妈。送给妈妈自己亲手做的礼物，是关心妈妈的最好方式了。"

孩子们听了这句话，积极性都很高，纷纷决定回家就做。

10岁的木木决定给妈妈做一个椅垫。他回到家中，顾不上做作业，翻箱倒柜地找出针线和材料，用心地忙活了一下午，辛辛苦苦地给妈妈缝椅垫。

长这么大，他还从来没有为妈妈付出过这么多的劳动，他想，妈妈一定会认为自己懂事了、长大了。他把缝好的椅垫藏了起来，先不让妈妈看见因为他想给妈妈一个惊喜。

这天，妈妈下班回到家中，刚看到木木，就劈头盖脸地问："你怎么在这儿玩？作业写完了没有？"

木木回答说："还没有，不过……"

妈妈一下子就火了："放学一下午了！你干什么去了？！"

有些害怕的木木还是鼓足勇气说："妈妈，今天是国际劳动妇女节，我给你做了一件礼物。"他小心翼翼地拿出自己藏起来的椅垫，递给了妈妈。

他满心以为妈妈会喜笑颜开，可是妈妈猛地一把抓过椅垫，说："你一下午不写作业，就弄这玩意儿？！我让你玩，不写作业！"一边生气地说，一边把木木忙了半天做的椅垫扔到垃圾桶里了。

教育学家常说，教育如果能抓住有利的时机，就会事半功倍。上面的事例中，孩子主动给妈妈亲手缝椅垫，这是多么好的教育时机啊！这件小事的意义远不止孩子学会了一项技能，更重要是情感上的意义。孩子的一针一线中满怀对妈妈的爱和关心，想要报答的美好愿望。这么好的母子感情交流机会，就被妈妈无情地破坏了，焚琴煮鹤，暴殄天物，莫过于此。

2.家长德育的重要性

父母在培养孩子的道德情操时，有着不可替代的重要作用。对孩子思想品德和身心发展的教育，父母要从小重视，以潜移默化、春风化雨

的熏陶形式，培养孩子形成正确的道德观、价值观，为孩子接受学校的
进一步教育、思想的孕育奠定良好的基础。

父母首先要做到以身作则、严于律己，在为人处世方面，在尊老爱
幼方面，父母都应该是孩子效仿的道德榜样。父母还应该经常给孩子讲
道德故事，引导孩子阅读相关书籍，培养孩子美好的品行，促进德育方
面的发展。

现在的父母需要适时地转变一些有失偏颇的家庭教育观念，例如，
望子成龙就意味着孩子学习好、有能力。但是，埋头苦学的孩子真的
能"成龙"吗？"成龙"不仅需要孩子成才，更需要他们拥有优秀的
品德。

如果他不诚实守信、文明有礼，如果他冷漠无情、不懂得理解他
人、为人处世一塌糊涂，那么，家长望子成龙的愿望最终会成为一个
笑话。

父母不关心孩子的心声，只按照自己的成功理念培养孩子，或许孩
子最终会成才。但是，如果没有道德作为基础，"才"就如无根之木，
无源之水。父母应该时刻与孩子交流心声，重视培养孩子才能的同时，
不忽视道德思想的培养熏陶。

3.与孩子交流心声的技巧

（1）自己也是"孩子"。孩子天生亲近活泼、幽默的父母，所以，
父母要想与孩子达到心灵上的交流，就也要有一颗童心，放下自己的家
长架子，陪孩子一同玩闹。时间一长，孩子自然会把父母当成无话不谈
的知心好友。

（2）沟通方式要多样。面对面的交谈是一种交心方式，但是这样的
沟通往往演化成父母单方面的说教，最后只会让孩子反感。所以，父母
要花样翻新，讲故事、谈论社会热点事件等都可以让孩子说出自己的想

法，家长可以通过多种方式潜移默化地培养孩子的思想。

（3）从孩子的角度看待问题。大人们经常觉得孩子的想法和意见荒诞不经，惹人发笑，因此，当孩子真诚地向父母谈自己的看法时，得到的往往是漫不经心的敷衍和一脸嘲讽的大笑。这样的场景太多了，几乎每个孩子都遇到过。父母要学会从孩子的角度看问题，不知不觉间就会发现孩子的心向你靠近了许多。

亲子箴言

孩子的成长过程好似一本由浅入深的书籍，微言大义，父母越来越难看懂。为人父母者经常发出这样的感叹：孩子越大，就越不了解。这是因为，父母在读这本书时，是有选择地跳着看，是大致浏览，总想赶快翻到最后，而不是细读慢品，用心进入书中的世界。

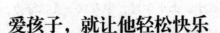

爱孩子，就让他轻松快乐

　　许多家长和老师都认为，现在的孩子太娇气了，心理承受能力差。这个现象的出现固然有孩子本身的一些原因，但家长和老师对孩子面对的压力视而不见、没有重视孩子的心理压力，也是一个很重要的诱因。

　　父母都认为没有压力的生活会使孩子懒散，适当的压力有助于激励他们努力上进。但家长没有考虑到的是，孩子身心无法承受太大的压力，会导致心理问题产生。有研究表明，厌学、考试焦虑和作弊以及青春期烦恼的问题，在中小学生中普遍存在。有不少学生还形成了偏激、孤僻、懒惰和任性的性格。

　　在社会上，每个人都会遇到各种困难和挫折，并由此产生压力。对此，有些人选择坚强、乐观地面对，勇敢地去战胜压力；而有的人则表现得懦弱、悲观，逃避压力。有多大的心理承受能力，就有多大的成就。培养孩子逐渐形成不惊不慌、宠辱不惊的心理品质，使其能冷静地面对各种心理压力，是为人父母的责任和义务。

1.压力很危险，悲剧易发生

　　在这个高速发展、竞争激烈的社会，无论是成年人还是孩子，每个人都会有压力。而孩子的抗压能力远低于成年人，更有可能在承受压力时出现心理问题。

　　孩子的课业负担重、学习时间过长，在学校里，与同学不和、考试失败、老师批评等种种情况，都会给孩子带来心理压力。而在回到家后，父母还在不停地、严厉地催促孩子上进，这样势必会给孩子带来更大的压力，从而影响他们身心的发展。

有这么一个女孩子，上小学时，学习就一直很努力，成绩也比较优秀。

上了初中，妈妈对她说："你在班里要进入前十名，否则就考不上重点高中，就没有前途。"这个女孩子通过不懈的努力进入了前十名，最终也顺利地进入了一所重点高中。

这位妈妈把这一切都看在心里，很兴奋，在别人面前也很有面子。她觉得孩子就需要这种严厉的"鞭策"教育，认为如果自己把目标要求再提高，再严厉一点儿，孩子一定会有更大的进步。她感觉自己这么做真是用心良苦啊，等孩子未来有成就了，一定会感激自己的做法。

于是在女儿上了高中之后，这位妈妈又提高了要求，对女孩子说："你得争第一，不然就永远没有可能出人头地。"很自然地，她接下来又要求女儿考名牌大学。无时无刻不在敦促教育女儿，要她抓紧一切时间学习，否则就一事无成。

这个女孩子终于考上了名牌大学，妈妈很高兴，决定和孩子一起去上大学，在学校旁边租房子陪读，要时刻提醒女儿不能松懈。得知妈妈的决定后，这个女孩子沉默了很久，然后趁妈妈外出的时候跳楼自杀了。在花一般的年纪里，这个柔弱、不堪重负的生命自己选择了结束。

后来，人们在整理她的遗物时，发现一篇日记中写到："妈妈无止境地加码，压得我实在喘不过气来……每当我实现了妈妈的愿望，妈妈就高兴极了，此刻我就成了天上的星星；当我失败没达到妈妈的要求，我就成了地上的狗熊，无休止的奚落就会披头盖脸地扑来……

多少年来，在我的心中只有第一，必须第一，无数个第一整天在追赶着我，我真是太累了……让我休息一会儿吧……"

每个孩子，特别是那些性格内向、沉默寡言的孩子，都很有可能会因为各种各样的压力出现心理问题。这些孩子在遇到不如意的事情时，一般不会表达出来，心理郁积的心事也越来越多。如果父母此时不能正确地对待、疏导他们的压力，久而久之，他们就会出现注意力不集中、精神不振、行为迟钝等各种问题，严重的甚至会导致悲剧的发生。

2.家长不要给孩子加压

家长该如何疏导孩子的心理压力呢？多与孩子谈心是最好的办法，但同时还要注意不能给孩子更多的压力。这就要求父母做到以下几点。

（1）不要给孩子制定太高的目标。父母不顾孩子的实际能力，只要求孩子一定要拿第一，各方面都要优秀，就会给孩子造成巨大的心理压力。还有的父母管束严厉，只让孩子学习，不准做其他与学习无关的事，这也会压抑孩子的心灵。

（2）不要限定孩子的道路。父母应该教会孩子懂得变通，多方位地思考问题——"榜上无名，脚下有路""条条大路通北京"。不要把孩子的人生道路限制在升学上，这样孩子一旦考试失利，就会无法接受，甚至绝望。

（3）培养孩子的兴趣爱好。孩子如果有一些兴趣爱好，父母要给孩子时间去研究发现，这对孩子自己放松心理压力大有裨益。到那时，父母不能自作主张地帮孩子报一些兴趣班，而应该多听孩子自己的心声，尊重他们的选择。

3.多谈心防止孩子压力太大

心理学家指出，对青少年来说，父母是最重要的影响力量。父母要关心孩子的内心，有耐心地与孩子多谈心，尽力成为孩子的知心朋友。只有这样，才能使孩子的心理压力得到疏散，孩子每天都会有个好心情。

父母如果能做到以下两点，那么孩子的心理压力就不会形成心理问题。

　　（1）多与孩子谈心，倾听孩子的心声。要想帮助孩子疏导心理压力，就要先了解孩子有什么心理压力以及产生的原因。因此，父母必须抽时间有技巧地与孩子谈心，认真地听他们说话，从中发现问题，才能有针对性地解决。

　　（2）教会孩子用平常心对待不如意和挫折。父母的鼓励性的教导，能给孩子带来战胜困难的勇气和毅力。父母应关注他们心灵的成长，正面引导孩子以乐观的心态对待挫折，教导孩子失败的收获比成功更多。但想要做到这一点，父母首先必须能平淡地对待孩子的一些不理想的表现，否则就无从做起。

亲子箴言

　　孩子如果有善解人意、豁达开朗的朋友，他就能把自己的心事和烦恼向朋友倾诉，从而舒缓自己的情绪。知心好友如果还能开导他，帮助他理解父母的爱心，那么孩子本来在家里受到的苦恼和对父母的怨恨，都会转为对父母的理解和感激。

第七章

认真聆听，孩子想法你了解多少

　　父母对孩子光说还不够，还要学会倾听。只有用心倾听孩子内心深处的声音，才能知道孩子到底想要什么，他们有怎样的梦想，父母才能相应地去满足或拒绝孩子的要求，去帮助孩子实现他们的梦想。如果父母对孩子的想法一无所知，只关心孩子的学习成绩，那么亲子之间的心灵距离就会越来越远。

孩子有要求，父母请认真

在父母教育孩子的过程中，孩子总会提出各种各样的要求。面对孩子的这些要求，父母应该怎么办呢？孩子的心很难懂，他们有时候会提出一些不合理的甚至过分的要求。其实，他们真正的目的是要看父母的反应，看他们是不是真的尊重自己。

当然，孩子提出的要求是合理还是过分，目的是试探还是真的需要，这些都不是问题的关键。父母需要解决的问题是如何正确地对待孩子提出的要求。

对待孩子的要求，不能简单地否定或肯定，父母需要以正确的态度对待，用恰当的方式处理，这可以说是一门高深的学问。

但显然，大多数的父母在处理这个问题时通常简单粗暴或束手无策。

1.认真对待孩子的要求

对待孩子的要求，重要的不是答不答应，而是能不能让孩子感到，你是关心他、爱着他的。因此，父母应该积极地回应孩子的要求，而不是以敷衍的态度去对待。即使有时候，孩子的要求有些任性，甚至是无理取闹，父母仍然应该保持耐心，尊重孩子的要求。

查尔斯·詹姆士·福克斯，英国辉格党资深政治家，年仅19岁的时候就打破议会的规例，晋身下院。他在英国的历史上十分有名，对当时的政治发展具有启发性的影响。福克斯有一次受邀到一个大学去演讲，讲述了一个很有意义的故事，这个故事是他的亲身经历。

福克斯的父亲是一位绅士，某天，他觉得园子中的那座亭子太旧了，于是打算叫工人来把亭子拆了。当时年幼的福克斯听说了这件事，对拆亭子很感兴趣，于是对父亲说："爸爸，我想看看怎么拆掉这座旧亭子，等我从寄宿学校放假回来再拆好吗？"

父亲为了让孩子安心学业，也觉得这个要求没有什么，便答应了。但在福克斯上学之后，父亲认为他会很快忘记这件事，于是很快叫工人把亭子拆除了。但不久之后，孩子从学校放假回家后，兴匆匆地准备让爸爸找工人拆亭子，但当他跑到园子里时，才发现亭子早就被拆除了。于是闷闷不乐地对父亲说："爸爸，你对我撒谎了。"

父亲早已忘记了当初对孩子的那个要求承诺，他很惊讶地询问是怎么回事，福克斯说："你答应过，那座旧亭子要等我回来再拆的。"父亲这才想起福克斯当初的要求，以及自己对孩子许下的诺言，他说："福克斯，爸爸错了，答应了你的事情就应该做到，我现在就实现自己的诺言。"

父亲马上召集了工人，让他们按照旧亭子的样式在原地重新建造了一座亭子。亭子造好了之后，父亲带着福克斯来到园子里，对工人们说"现在，我们开始拆这座旧亭子。"

这位父亲并不富有，但是他却为孩子实现了自己的诺言，更准确地说，是弥补了自己的失信。

如何对待孩子提出的要求，是古今中外家长所面临的共同难题。早在两千多年前的中国，孔子的弟子——曾子就遇到过这样的麻烦，而曾子杀猪的故事也流传千古。从曾子杀猪的故事中，我们可以看出，一定要正确对待孩子的要求。

2.如何对待孩子的要求

孩子在成长的过程中，成长环境会逐步扩大，各种需求会逐渐增多，孩子慢慢地就会提出一些要求。那么，父母应该如何对待孩子的要求呢？虽然没有具体的、适用于所有情况的方法，但是我们可以遵循正确对待孩子要求的几个原则。

（1）对孩子的要求，就要做到言出必践，树立威信。只要对孩子的要求做出了满足的承诺，就一定要办到。"勿以恶小而为之，勿以善小而不为。"让孩子明确地感受到家长言出必践，这样才能树立起家长的威信，孩子在以后也会慎重地提出合理的要求。

（2）如果无法满足孩子的要求，要晓之以理、动之以情。在拒绝孩子的请求时，无论请求的合理与否，都要兼顾两点：第一，解释清楚，让孩子明白自己为什么不答应；第二，让孩子懂得，自己不答应他的要求并不意味着不爱他。

3.不让人放心的要求，也要正确对待

大多数家庭教育专家认为，在不影响孩子健康成长、家庭条件允许的前提下，父母应尽量满足孩子的合理要求。虽然孩子的很多要求都不容易满足，会给父母带来很多麻烦，但这并不意味要求本身是不合理的。我们应该耐心地聆听，满足他们合理的要求。

孩子提出的某些不让人放心的要求，父母应该正确地对待。例如，孩子提出去郊外旅游或者学游泳等，父母不应该出于安全考虑而断然拒绝，因为这样会使孩子的积极性受挫。正确的对待方法是：父母应当积极帮孩子安排好，严密防范可能发生的意外情况，借此机会让孩子得到充分的锻炼。如果因为种种原因做不到，也要对孩子讲清楚，这样做有利于保护孩子的积极性。

总而言之，只要孩子的要求是合理的、有好处的，不管它是不是很麻烦，或者自己不放心，在规避相关的危险、不便和损失的前提下，父母都应该尽量满足孩子的愿望，让孩子得到锻炼，才是最正确的对待方式。

亲子箴言

进入青春期的孩子，身心变化巨大，伴随而来的是孩子在精神上、物质上的各种自主要求。尤其在这个阶段，父母要正确对待他们的要求。在满足孩子自主要求的同时，父母要给予具体的引导。否则，孩子有可能为了满足自己的要求，学会一些恶习。

孩子在做梦，父母要高兴

在成长过程中，每个孩子都会有自己的梦想。或许这个梦想在大人看来是不切实际的，但孩子却乐在其中。有梦想的孩子都会有一种强大的力量，这种力量激励着他们勇敢地去追梦。家长在家庭教育中扮演着重要的角色，他们该如何正确地对待孩子的梦想呢？

毋庸置疑，对于孩子的梦想，父母首先一定要做到不打压，多鼓励。其次，一定要正确地引导孩子，有计划、有步骤地协助他们实现自己的理想。帮孩子圆梦时，家长要学会放手，让孩子独立地大胆尝试。

民主型家庭的特点是家庭成员之间互相尊重、理解，父母给孩子有益的正面指导。大量的研究调查发现，在民主型家庭中成长起来的孩子，会拥有更多的积极素质，在未来更容易获得成功。因此，对待孩子，做父母的应该给他们独立的成长空间，鼓励他们大胆进行尝试，勇于追梦。

1.牧马场场主的作文

孩子有了自己的梦想，第一个想要倾述的对象就是父母。当孩子兴冲冲地跑来向你讲述他的梦想时，你一定要给予正面的积极回应，鼓励他积极、自信地追梦。这样做可以让孩子感受到你的支持，他们就会对自己充满信心。而自信心对孩子的成长十分重要，有了它，孩子对生活和学习上的一切活动都会表现得很主动。

有一个关于实现梦想的故事广为流传，相信它会让许多家长深有感触。这个故事是这样的：

　　有一个男孩，他的父亲是一个巡回训马师。当他读到中学的时候，有一次，老师在作文课上给孩子们布置了一个作文题目，名字叫《我的梦想》。

　　这个男孩回到家后十分兴奋，把这件事告诉了他的训马师父亲。在父亲的鼓励指导下，孩子用了一整个晚上，写了一篇长达7页纸的作文，描绘了他的梦想——有一天，他要拥有一个属于自己的大型牧马场。

　　在作文中，这个男孩详细地描述了自己的梦想，他甚至还画出了一张很大的牧场平面图，并在上面标注了所有的房屋、马棚和跑道。立在那个200英亩的梦想马场中央的，是他的4000平方英尺的大房子，他甚至画出了极其细致的房间布置图。这个孩子将他全部的心血，都倾注到他的宏大的梦想计划中。

　　第二天，两眼通红的男孩把这篇心血之作交给了老师。两天后，老师将批改后的作文发给他。在第一页上，男孩看到老师用红笔批了一个大大的"F"（最底分），后面还附了一句评语："放学后来找我"。这个心中有梦的男孩放学后去质问老师："为什么我的作文只得了一个F？"

　　老师对他说："因为这是一个不切实际的梦想，对你这样的穷苦孩子来说不可能实现。你没有钱，来自一个居无定所的家庭。而想拥有一个牧场是需要花很多钱的，首先你得买地，你得花钱买马匹，然后，你还要因育种而大量花钱，你没有资金来源，不可能做到这一切。"

　　老师在最后还说了一句："你的作文本身并没有什么问题，如果你重写一遍，换一个更现实一些的梦想，我会考虑重新给你评分。"

　　男孩回到家后痛苦地思考了很久，仍然难以决定。他问父亲："爸爸，我该怎么办？"父亲用鼓励的眼神对他说："孩子，这件事你得自己决定。不过，我认为这个决定对你来说非常重要。"最后，男孩子将未改一字的作文交了上去，并向老师宣布："你可以保留那个F，而我将继续我的梦想。"

读到这里，相信大家都已经猜到，这个男孩最终实现了他的梦想，最终成为了牧马场场主，生活在他的200英亩的牧场和4000平方英尺的大房子里。

在孩子的成长过程中，对待他的梦想，父母是需要采用正确的对待态度和引导方式的。这关系到孩子未来的成就，教育专家们也常说要正视、欣赏孩子的梦想。

2.把梦想化成学习推动力

学习动力是指孩子参加学习过程中的学习动机，包括意志力、兴趣力、情感等非智力因素。它对孩子的学习能起到鼓励的作用，是学习成功的重要因素，梦想是孩子的奋斗目的，有梦想的孩子可以为实现其梦想而付出更多的努力。

梦想是孩子的想象，不一定会全部实现，但可以成为学习的一种动力，鼓励和激励这孩子通过一定的方式和途径去拼搏和努力。

大多数家长的教育观念普遍存在的一个误区，就是过于注重孩子学习的重要性。家长经常对自己的孩子说，"你学习好，有知识，长大了才有好前途""学习和知识才是生存的根本"……

对未成年孩子来说，前途和生存这两个概念还太抽象、遥远，这只会给孩子带来压力，只有梦想才是他们感兴趣和向往的概念。所以，明智的家长应该用心倾听孩子的梦想，用梦想作为激励孩子努力学习的动力。我们都要努力成为点燃孩子梦想的智慧家长。

亲子箴言

许多父母都抱怨自己的孩子学习不积极，缺乏上进心，这其实是因为孩子缺少学习的动力。能让孩子产生学习动力的因素有很多，但是孩子自己的梦想才是激励他们学习的最持久动力。梦想是成功的关键，因此父母要积极引导孩子拥有梦想、实现梦想。

梦想让孩子自己做主

虽然在成长过程中，孩子的梦想并不是一成不变的，但在他们眼里，自己的梦想总是美好的。然而，很多时候，孩子的梦想都与父母的期望判若云泥。父母总是认为孩子的梦想是渺小或者遥不可及的。在父母看来，孩子的梦想赚钱少，或者是太累，没前途，没生活保障。

虽然每个家长都爱自己的孩子，但爱的表现方式大相径庭。父母无视孩子的内心，认为其梦想"荒谬无知"，然后在自己的心里打造"模具"，强行把孩子塑造成自己心目中的样子。许多父母习惯为孩子"制造"梦想，并挂上各种各样的成功标签。有的父母甚至是把自己的梦想强加到孩子身上。总是"被梦想"的孩子逐渐失去了自己的梦想，充斥着成人世界的功利。

1.孩子的理想与你的很不一样

在这个高速发展的信息化社会，孩子能够通过各种渠道接触到海量的信息资讯。而从落后时代成长起来的父母却不适应这样的社会环境，渐渐落伍，孩子的想法和观念自然与父母天差地别。不少孩子的梦想，不再是局限于当医生、律师、教师，而是当艺术家、运动员、演员，甚至是电脑游戏玩家！

父母面对孩子的"离经叛道"，当然无法接受，想尽一切方法要把孩子引入"正途"。孩子追逐的梦想，如果和父母计划、希望中的有出入，到底谁是谁非？

　　郭伟是郭家的长子，从小学就一直表现良好，成绩也很棒。初中毕业后，他顺利地考入当地的一所重点高中。他的父亲是一家跨国企业的高管，年薪不菲，因此，原本是资深会计师的母亲放弃了薪资优厚的工作，在家相夫教子。夫妻俩都希望孩子能够顺顺利利地考上大学、走上社会，然后获得成功。

　　然而，世事难预料。郭伟在高二时开始迷上了电脑竞技游戏。上学的时候，他每天要花费大量时间和精力，去网吧上网，与好友们切磋练习。到了周末，他就一直宅在自己的房间里打游戏。

　　过着这样的生活，郭伟的学习成绩自然是大幅度下滑，时间一长，便瞒不过家长。得知儿子沉迷网络、无心学习的情况后，父母质问郭伟为何会这样。郭伟理直气壮地说他立志成为职业电脑游戏玩家，未来的目标是为中国赢得WCG（世界电子竞技大赛）冠军！还说他没有放弃学习，只是换了一种方式而已。

　　郭伟的家长差点儿没有晕过去。郭伟的爸爸从小梦想成为一名优秀的医生，后来因为面试没有通过才与梦想擦肩而过。他一直期待儿子能够替自己圆梦，得知儿子的"梦想"后更是大怒不已。夫妻俩在严厉地训斥了儿子后，又决定给孩子的电脑设置密码，限制上网时间，还减少儿子的零花钱。

　　然而得到网友帮助的郭伟不仅在零花钱上摆脱了家长的控制，还破解了密码，更改了网络限制方式。整天在父母的眼皮子底下神不知鬼不觉地继续玩。但是纸是包不住火的，郭伟的父母发现他还在偷玩游戏后，十分愤怒，双方大吵一架。郭伟的父母干脆把他的电脑锁起来不让他碰。郭伟一气之下也和家长翻脸，住进了网吧，很少再回家。

　　这个阶段的孩子往往认为梦想就是自己喜欢做的事，他们其实不会考虑自己的梦想到底是怎么回事。当梦想被父母否定，甚至是耻笑后，孩子就会觉得，和父母谈理想就一定没有好结果。其实梦想不是一成不变的，而是随着孩子阅历的增长而不断变化。父母不能直接否定孩子的梦想，而是应该妥善地给予引导。

2.孩子的梦想拒绝修订

父母或许只是担忧，如果任由孩子发展他们荒诞不羁的梦想，他们的将来或许也是荒诞不羁的，自己怎么能不为孩子早作打算、安排好孩子的一切？这个想法是好的，但是无疑过于极端。如果什么事都是家长为孩子决定，那孩子只是另一个"家长"，永远不能成为自己。

有专家指出，孩子对世界的认识、态度、理解方式和处理方式，是自身天赋和外界环境共同作用的结果，他们会本能地选择不会危及自身的探索方式，在不断地实践熟悉后作为自己的行动模式。这同时也说明了，对孩子放任自流，他的价值观和行为不会出现太大的失误，父母不能把正视其梦想理解成不负责任地不管不顾。

如果父母非要用自己的成人价值观来约束、要求和塑造孩子，除了会让孩子失去纯真和欢乐之外，也会让成年后的孩子深受心灵痼疾的痛苦。父母的这种强行的塑造过程，只会导致两种后果，一是孩子会出现逆反心理，进行强烈地反抗，亲子之间形如仇人；二是改造成功，孩子的一生都会如行尸走肉一样生活，没有自己的想法，压抑自己的意愿。

3.梦想不能强加给孩子

大多数父母是普通人，在生活中都不是一个成功的人。家长不满于孩子的梦想，给孩子强加了一个在他们看来更好的梦想，又对孩子提出这样或那样的要求。但往往父母自己就做不到这些"成功"。在大部分孩子的眼里，父母只是空头理论家，而不是真正的实干家，只是在纸上谈兵罢了。对父母这种夸夸其谈的窘态，孩子点破后，只会让家长恼羞成怒，亲子关系也会更加恶化。

父母如果希望孩子能成功，达到自己心目中的理想状态，那么就从自己做起吧，千万不要自己放弃了对梦想的努力却反过来要求孩子替自己完成。如果父母能以身作则，积极地追求自己的梦想，在日常生活中做出成功的表率，那么孩子自然会受到父母心态的影响，和父母一起进步。希望孩子成为人才并没有错，错的是父母逼迫的态度。真正的天才不是逼出来的。

亲子箴言

父母往往要求孩子要成为医生、公务员、律师等，然后给孩子列举出一堆好处，希望可以帮助孩子形成自己的理想。但这些只是职业，并不是理想。梦想只属于孩子自己，父母可以引导，但是不能误导。

追梦行路难，父母助登攀

人如果没有梦想，跟咸鱼有什么两样？对孩子来说，梦想可以说是他们的精神信仰，他们为梦想而努力奋斗，梦想也能让他们焕然一新。但很多父母以成人的角度，高高在上地告诉孩子，他们的梦想是无法实现的，这无疑打击了他们的积极性，让孩子年轻的、充满希望的心灵黯然失色。

梦想和现实往往存在差距，而不懈的努力可以让梦想变成现实。但如果父母否定了孩子的梦想，让孩子失去希望，孩子就会失去前进的动力，梦想就会遥不可及。父母应该意识到，梦想是孩子学习的动力和催化剂，它能够激励孩子去努力奋斗，从而取得更大的成就。父母的鼓励可能会成就孩子的梦想，而父母的否定会打击、动摇孩子的梦想，使其失去信心和斗志。所以，明智的家长为了保护孩子的积极性，从不轻易否定孩子的梦想。

1.鼓励孩子多表现自己

如果有一天你的儿子跑到你的面前说："我要参加班里的班长竞选！"这时，你会怎么做呢？当然，首先就是要肯定儿子的这种进取意识，然后让他多在班上发言，积极回答老师的问题，并且鼓励他和同学处好关系，在班里树立威信等。

儿子班上刚上任的班主任正在班里选班长，在班里当"官"一直是儿子的梦想，于是我就鼓励他："儿子，上课老师提问你要多思考，主动举手回答问题，给老师留下一个好印象，这对你的竞选很有帮助。"

一个星期后，儿子竟然兴奋地告诉我，老师选他当班长了。我虽然笑着恭喜儿子，但是心里一直在犯嘀咕，这新来的老师怎么这么快就选出班长了呢？后来这位老师家访的时候我才知道是怎么回事。

原来，老师告诉大家，每天在上课前早自习时间背《唐诗三百首》，上课老师抽查，谁背诵得好，老师让他领诵。当"官"心切的儿子信以为真，回家后认真地背诵。第二天，老师真的检查，结果只有儿子一个人背下来了。

这位新老师对我说："本来想考察一段时间再定班长人选，一看这孩子这么出色，就让他做班长了。"

当上了班长，这对儿子是一个极大的激励。从此他办事、学习变得更加积极、主动，每天带领同学背诵课文，课外时间还带大家搞一些文艺活动和公益活动，事事都走到了同学的前面，结果在学期末就被评为"市三好学生"。

2.给孩子实践的机会

我们都知道"实践是检验真理的唯一标准"，其实，实践也是培养孩子领导能力的最佳舞台。

因此，父母应该多给自己的孩子一些实践机会，让他/她在自己所擅长的领域统领别人，帮助他/她树立自信心，提升自己人际交往的能力，久而久之，他/她的领导能力自然会加强。

父母可以让孩子多参加运动队、课外活动小组和其他社区组织活动，相信在这些实践活动中孩子会获得待人处世的经验，并且慢慢地知道如何才能更好地成为一个领导者。

3.不否定、正确对待孩子的梦想

读到这里，家长们可能都会明白了孩子梦想的重要性。但要怎样帮助孩子实现梦想呢？下面是几点建议。

首先，孩子还不成熟，自我意识较差。孩子梦想和志向的确立，需要父母给予积极的引导和帮助。父母要从孩子小时候就注重孩子的理想教育，并且尽量让孩子确立远大志向。这样，孩子奋斗的动力才会更充足、持久。但是，父母在帮助孩子树立梦想时，既要着眼于未来的长远发展，又要考虑到孩子的实际情况。

其次，让孩子不断地体验成功，强化孩子的梦想。追求梦想的道路通常充满了各种挫折和困难，而孩子的能力和意志力不足，他们经常想退缩、放弃，这时候就需要父母抓住时机让他们体验成功的快乐。成就感会让孩子对未来充满信心，积极地评价自己。在成功的体验中，孩子对梦想的渴望会进一步深化，重拾信心的他们会更加努力，重新上路追梦。

任何能够成功的人，无一不是具有大毅力、大执着的人。梦想的实现需要孩子信心满满并持之以恒。父母要加强对孩子的引导，让孩子意识到，梦想对于实现人生价值至关重要，从而珍视梦想，永不言弃。让梦想成为孩子主动学习的驱动力，并为之奋斗。

亲子箴言

梦想一旦在孩子脑中构建，就会转化为学习的动力。这种动力能够激励孩子在知识的海洋里不断地汲取营养，鼓励他们克服艰难险阻，不断地前进。梦想能成为鼓舞孩子的强大精神支柱，而且这种鼓舞的效果是持久的。

梦想一点一滴地实现

很多教育家不仅会告诉父母不能打击、否定孩子的梦想，还会建议他们要一步步地帮孩子实现梦想。

如果孩子已经有了一个梦想，而家长又觉得这个梦想对孩子的成长是有好处的，这时候，家长就应该适当地引导孩子，将孩子的梦想细化成计划，具体成行动，让孩子慢慢地付诸努力。这样做可以明确孩子的梦想，让孩子找到奋斗的方向，并为之努力，最终帮助孩子实现自己的梦想。从这个过程中，孩子会意识到梦想的实现需要专注、持之以恒地努力。

1.瑞恩的梦想和"瑞恩的井"

"瑞恩的井"基金会是一个国际资助基金会，于2001年3月正式成立。到2002年为止，"瑞恩的井"基金会已经为非洲的8个国家打了30口水井。这个基金会的名字为什么叫"瑞恩的井"呢？原来，它的背后有一个感人肺腑的故事，故事的主角是一个六岁的加拿大男孩，一年级的小学生——瑞恩。

一天，老师在班上说，非洲的孩子住在条件很差的草棚里，由于没有洁净的饮用水，又缺医少药，许多孩子喝了脏水生病了，就只能在疾病中等待死亡。老师号召大家为非洲儿童募捐，老师还说，每一分钱都能帮助那些孩子，七十加元还可以打一口井。

瑞恩回家对妈妈说："我想要七十加元为非洲孩子打一口井。"妈妈说："七十加元不是个小数目，家里不能说拿就拿出来。"瑞恩眼里充满了泪水，他请求道："非洲的孩子就要死了，他们没有干净的水喝！"妈妈和爸爸商量了之后对瑞恩说："如果你真的很想得到七十加元，可以做一些额外的家务自己挣。"瑞恩眼睛一亮，爽快地答应了。

　　瑞恩的第一项工作是用吸尘器打扫地板，他干了两个小时，得到了第一个两加元。接下来，在其他小朋友都去玩的时候，他去擦窗子，又得到了两加元。爷爷知道了这件事，请他捡松球，每捡满一袋就可以得到十加元。邻居们也开始请瑞恩干一些小事来帮他凑足七十加元。期中考试后，瑞恩把成绩单交给家长，他们用五加元奖励他的优秀成绩。

　　许多天后，瑞恩穿得整整齐齐，骄傲地把七十加元交给了募捐项目的负责人，并得知他的钱将用来捐助乌干达北部一所小学的孩子们。他还知道了七十加元其实只能买一台水泵，而打一口井需要七百元。负责人对瑞恩能做到这样已经很满意了，但瑞恩说："我将继续努力，我希望非洲每个人都能喝上干净的水。"

　　妈妈很感动，她帮瑞恩给报社写了一封信，记者采访了瑞恩，后来所有的加拿大报纸都登载了报道这件事的文章。两个月后，瑞恩就收到了共计七千元的捐款。老师没想到一个孩子能产生如此大的影响力，就向有关部门联系求助，希望自己的学生能与非洲的孩子们相互通信。

　　瑞恩的梦想还在继续，他的故事被登上了报纸和电视，许多来自各个国家的人纷纷捐款，不仅帮助瑞恩挖井，随后还成立了"瑞恩的井"基金会，为让非洲的每个人喝上干净的水而努力。

　　起初，谁也无法预料到，瑞恩当初那个小小的梦想，日后竟能影响到那么多人真正地帮助到非洲人民。我们见到的是这位平凡而又伟大的母亲对孩子善良的梦想的呵护、引导，并一步步协助他实现了这个意义非凡的梦想。

2.家长要尊重孩子的梦想

父母是孩子最初的，也是最重要的人生导师，更是孩子实现梦想的重要角色。孩子想要实现梦想，父母为孩子创造的环境和条件至关重要。要帮孩子实现梦想，家长首先需要做的是尊重孩子的梦想，坚定孩子的信念，再激发孩子的兴趣，为孩子追逐梦想创造条件。孩子有了父母的鼓励和帮助才能释放自身的潜能，才能创造奇迹。

以孩子的成长需求为中心，父母要调节自身那些不切实际的念头，抛弃那些给孩子制造压力、成长障碍的期望，深入地了解孩子。在帮助孩子实现梦想的过程中，父母自身也会受到教育和提高。这样，孩子的梦想与父母之间才能相互促进、相得益彰。父母还要认识到，不管孩子最终有没有实现梦想，重要的是孩子的努力过程和精神成长。

3.对孩子的梦想善加引导

家长要从小培养孩子的兴趣，当孩子有了自己的思想，开始向父母展现他们的兴趣爱好时，父母就不难从中发现他们的梦想。而家长要做的就是倾听并留意这些梦想的萌芽。当孩子有了梦想，哪怕不可思议，父母都应给予肯定，并为他感到欣慰和自豪。父母对孩子的梦想坚信不疑，孩子就会从父母那里获得力量、勇气和信心。

在孩子追梦的过程中，父母还应予以多方面的关注。比如孩子崇拜偶像，父母就和孩子讨论偶像的成长史、奋斗史、成就史，让他们知道必须付出辛劳和汗水才能成功。父母要让努力的过程在孩子心里生根，孩子的梦想才能发芽。父母还需给孩子的圆梦计划提供建议和支持，提醒孩子不要忘记为之努力，在孩子怀疑梦想、想要放弃时激励孩子。

亲子箴言

　　毕淑敏说过："尊重孩子的梦想、让孩子一生幸福，就是父母最大的成功。"几乎每个孩子都有梦想，但是不是所有的孩子都有清晰合理的规划，而父母要做的就是帮孩子规划梦想。